종교개혁의 표어들

올바른 사용과 오용에 관하여

로버트 젠슨 지음 · 권헌일 옮김

©2011 by Robert W. Jenson
Originally published in English under the title
Lutheran Slogans: Use and Abuse
By American Lutheran Publicity Bureau, New York, USA.

This Korean edition is translated and used by permission of
American Lutheran Publicity Bureau, New York, USA
through rMaeng2, Seoul, Republic of Korea.

This Korean Edition ©2025
By Lux Mundi Co., Ltd., Seoul, Republic of Korea

이 한국어판의 저작권은 알맹2를 통해 American Lutheran Publicity Bureau와 독점 계약한 ㈜룩스문디에 있습니다. 신 저작권법에 의해 한국 내에서 보호를 받는 저작물이므로 무단 전재와 복제를 금합니다.

Lutheran Slogans:
Use and Abuse
종교개혁의 표어들
올바른 사용과 오용에 관하여

로버트 젠슨 지음 · 권헌일 옮김

| 차례 |

1. 표어에 관한 문제　　　　　　　　　　7

2. 믿음에 의한 칭의 - 행위의 문제　　　15

3. 믿음에 의한 칭의 - 믿음의 문제　　　31

4. 모든 신자는 사제다　　　　　　　　41

5. 율법과 복음의 구별　　　　　　　　53

6. 십자가의 신학　　　　　　　　　　63

7. 오직...　　　　　　　　　　　　　73

8. 실제 현존　　　　　　　　　　　　83

9. 유한은 무한을 담을 수 있다　　　　97

10. 오직 성서　　　　　　　　　　　109

11. 의인인 동시에 죄인　　　　　　　121

12. 연결하기　　　　　　　　　　　129

**부록:
나의 신학 여정에 대하여 – 시작부터 오늘까지** *139*

로버트 젠슨 저서 목록 *175*

일러두기

· 성서의 경우 「공동번역 개정판」(1999)을 사용하는 것을 원칙으로 했으나 원문과 지나치게 차이가 있을 경우 대한성서공회판 「새번역」(1999)을 참고해 다듬었음을 밝힙니다.

표어에 관한 문제

오랜 세월 이어지는 담론들은 표어 없이 유지되기 어렵다. 그 담론이 논쟁으로 발전한다면 더욱 그러하다. 관련 역사가 쌓일수록 모든 내용을 일일이 풀어내는 일은 버거워지기에 지름길이 필요하다. 시간이 흐르면 흐를수록 그 필요성은 더 절실해진다.

토머스 제퍼슨Thomas Jefferson이 독립 선언문을 완성하면서 '생명, 자유, 행복의 추구'라는 표어를 내놓는 대신, 창조주를 몰라 생명을 짐으로 취급하는 이들을 반박하며 왜 인간이 생명을 갈망해야 하는지 논했다면 어땠을까? 혹은 누가 무엇을 할 자유가 있는지를 둘러싸고 역사 내내 이어지는 투쟁을

검토했다면 어땠을까? 혹은 독립 선언문에 (일부에서 기본권으로 언급하는) '자산'이 아닌 '행복 추구'를 넣어야 하는 이유를 제시해야 했다면 어땠을까? 그랬다면 독립 선언문에 담긴 대의에 '인류의 여론'을 모으지는 못했을 것이다.

표어는 명제가 아니다. 물론 문장의 형태를 띨 경우 어떤 맥락에서는 명제처럼 보일 수 있다. 그러나 표어는 개념concept이 아니다. 어떤 실천을 가리키는 이름이나 은유metaphor, 비유trope도 아니다. 표어는 이 모든 것이 복합적으로 얽혀 있는 무언가를 대신하고 가리키는 표시다. 그러한 면에서 제퍼슨의 표어 속 '자유'라는 단어는 독립 선언문을 읽는 사람이 정치 참여 투쟁의 역사에 대해 가지고 있는 온갖 지식, 혹은 오해를 불러낸다. 또 그가 의식하든, 의식하지 못하든 자유라는 주제를 두고 전제하거나 발전시킨 신학, 혹은 철학 관념도 불러낸다. 더 나아가 독립 선언문이 영향을 끼친 정치 투쟁 속 특정 요구를 떠올리게 한다. 이러한 일은 끊임없이 이어진다.

표어의 문제는 시간이 흐를수록 점점 더 필요해지면서도, 동시에 제멋대로 살아 움직이는 것처럼 독립해 버린다는 데 있다. 표어는 그 표어를 형성한 사상과 실천의 맥락에서 이탈하기 쉽다. 그렇게 공중에 떠다니는 말이 되면 온갖 일들에 동원될 수 있다. 심지어 본래 뜻과 정반대되는 방식으로 의식도 되지 못한 채 쓰일 수 있다.

이를테면 오늘날 생명에 대한 양도할 수 없는 권리라는 말은 주로 "내 삶은 내가 지킨다"며 내세우는 온갖 요구를 관철하는 데 쓰인다. 제퍼슨이 보았다면 경악했을 법한 풍조다. 자유에 대한 양도할 수 없는 권리라는 말은 이제 각자가 자기 나름의 '선'善을 만들어 그 기준대로 살 권리를 주장하는 미국식 허무주의와 개인주의를 정당화하는 데 쓰인다.[1] '행복 추구'의 경우, 행복에 대한 몇몇 이야기를 좇다가 오히려 황량해진 수많은 사람을 떠올려보라.[2] '생명, 자유, 행복의 추구'라는 표어가 유익하게 쓰이려면 저 말이 어디까지나 표어라는 사실을 기억해야 한다. 그리고 저 말이 인류의 선을 위해 쌓아온 특정 역사, 곧 이스라엘에서, 고대 그리스와 로마에서, 그리스도교 세계에서 근대까지 이어진 노력과 수고, 그 가운데 태어난 통찰과 이론, 실천을 가리키고 있음을 기억해야 한다.

---

[1] '플랜드 패어런트후드 대 케이시 사건'Planned Parenthood vs.Casey 중 오코너Sandra Day O'Connor 대법관이 자유를 정의하며 쓴 표현으로, 노골적으로 (그리고 아마도 무의식적으로) 허무주의 색채를 띠고 있다.

[2] 뉴욕 타임스New York Times의 '스타일' 지면만 들춰봐도 황당한 기사들이 줄줄이 눈에 들어온다.

그리스도교 신학에서 예를 하나 들자면 '하느님은 사랑이시다'라는 요한의 위대한 선언을 생각해볼 수 있다. 겉보기에 이 말은 주어와 술어로 이루어진 평범한 명제처럼 보인다. 그러나 정말로 저 선언이 명제라면 오래 쓰이지 못했을 것이다. 일상의 경험이 금세 반박해 버렸을 테니 말이다.[3] 그렇다고 이 말은 은유도 아니다(무엇을 은유한다는 말인가?). 어떤 실천을 가리키는 말일 수는 있지만 그것만으로 모든 것을 설명할 수는 없다. 저 말은 단순한 개념 규정이 아니라 하나의 온전한 진술이다.[4]

그렇기에 '하느님은 사랑이시다'라는 말은 표어이며 표어로서의 역할은 결코 사라져서는 안 된다. 이 말은 하느님께서 이스라엘과 함께한 역사 전체, 곧 그리스도의 삶과 죽음, 부활에서 절정에 이르는, 만물을 구원하고자 하는 하느님의 뜻으로 이해될 수 있는 역사를 압축해 담은 축약본과 같다.

신학사에서 이 문장은 점차 신학 명제가 되었고 그 명제

---

[3] 언젠가 마르틴 루터Martin Luther는 말했다. "우리 눈에 보이는 방식으로만 하느님이 세상을 다스리신다고 생각한다면, 그분은 존재하지 않거나 존재한다면 악한 분이라는 결론에 이를 수밖에 없다." (WA 18, 784).

[4] 물론 인식론으로 보자면 비슷한 이야기일 수 있다. 하지만 그런 분류는 여기서 하고 있는 상식에 따른 구분과는 전혀 다른 종류의 분석이다.

를 모든 교회가 받아들였다. 이 가르침에 따르면 하느님은 단지 사랑이라는 속성을 지닌 분이 아니다. 복음이 선포하는 하느님은 사랑 그 자체다. 달리 말하면, 하느님은 이스라엘과 맺으신 사랑, 그리고 이스라엘 사람 예수와 맺으신 사랑 외에 다른 무언가로 규정할 수 없다. 우리는 '나'와 '나'에 대해 서술할 수 있는 것들 사이에 구별이 있지만, 하느님은 그렇지 않다.[5] 하느님은 삼위일체로 살아계시며 이는 성부와 성자가 성령 안에서 나누는 사랑의 '활동'이다. 그분의 의, 권능 등 그 밖에 그분에 대해 말할 수 있는 모든 것과 마찬가지로 말이다. 이처럼 '하느님은 사랑이시다'라는 말은 풍성한 진리를 불러낸다. 그럼에도 설교자들이 이 말을 마치 문제를 단번에 해결해 주는 주문처럼 설교할 때, 혹은 가끔 사람들과 함께 "사랑이 있는 곳에 하느님께서 계십니다"ubi amor, ibi Deus est라는 구호를 외칠 때 나는 속으로 단서를 달곤 한다. '음, 그건 경우에 따라 다르지.' 그렇게 단서를 다는 이유는 오늘날 그리스도교에서 (대중이 이야기하는 '영성'spirituality이 그러하듯) '하느님은 사랑이시다'라고 이야기할 때 많은 경우 '사랑'은 주님께서 자기 백성과 맺으신 구체적인 이야기에서 분

---

[5] 이와 관련된 대표적인 저서는 다음을 들 수 있다. Thomas Aquinas, *De esse et essentia*, 『존재자와 본질』(길).

리되어 있기 때문이다. 사람들은 이 말을 어떤 맥락이든 '사랑'이라 부를 만한 것을 만나면, 그곳에 하느님(혹은 '신성한 존재'나 이와 유사한 무엇)이 있다는 뜻으로 새긴다. 이러한 신학은 그리스도교 신학이 아니며, 엄밀하게는 반反그리스도교 신학이다. 이스라엘의 하느님, 주 예수 그리스도의 아버지이신 구체적인 분을 우리가 제멋대로 불러 모은, 잡다한 '사랑들'로 이루어진 수프에 녹여 버리기 때문이다.

이 문제는 특정 교파의 문제가 아니라 모든 교회의 문제다. 역사 어느 시점에서도, 세계 어느 곳에서도 교회는 제멋대로 떠도는 표어들에서 자유롭지 못했다. 이 책에서는 종교개혁 시기에 등장한 표어들의 사용과 오용을 다룬다. 이유는 단 하나다. 내가 속한 곳(루터교)의 표어들이기도 해서 그 표어들이 어떻게 쓰이는지 오랫동안 살펴보았기 때문이다. 그러나 이 책에서 논의할 많은 부분은 다른 전통들에도 그대로 적용할 수 있다.

본격적인 이야기를 하기 전에 방법론과 관련해 한 가지 덧붙이고 싶다. 앞으로 여러 표어를 하나씩 살펴볼 때, 각 표어가 어떻게 쓰였고 또 어떻게 오용되었는지를 따지는 일이 비판의 핵심이 될 것이다. 그렇다고 해서 무엇이 표어의 올바른 사용이고 오용인지 일일이 제시하지는 않을 것이다. 때로는 표어로 인해 주변에 생긴 혼란만을 살펴보기도 할 것이다. 어떤 표어는 처음 생기자마자 혼란을 낳았다. 그래서 때로는 이와 관련된 신학 문제를 풀어보려 하기도 할 것이다. 이런 자유로운 접근이 오히려 혼란을 낳지 않길 바란다.

II

믿음에 의한 칭의 – 행위의 문제

종교개혁의 표어 가운데 가장 대표적인 표어는 '우리는 행위가 아닌 믿음으로 의롭게 되었다'(이신칭의以信稱義)일 것이다.[1] 그러므로 당연히 이 표어를 가장 먼저 다루어야 한다. 이 표어는 두 장을 할애해 다룰 만한 가치가 있다.

1장을 마무리하며 예고했듯 곧바로 적절한 사용이나 오용을 따지기보다는 먼저 이 구호로 인해 생긴 혼란을 짚어보겠

---

[1] 나는 어쩔 수 없이 '의'righteousness와 '칭의'justification라는, 서로 다른 어근에서 나온 단어를 써야 한다. 하지만 이건 단지 영어라는 언어의 특이함 때문에 생긴 문제일 뿐이고, 본래 그리스어에는 하나의 어근('디카이오-'δικαιο-)만 있다.

다. 안타깝지만 이 종교개혁의 대표 표어를 논할 때는 늘 명심해야 한다. 아무리 종교개혁의 핵심 표어이고 강력한 힘을 지녔다 해도 여기서 '행위'라는 말이 무엇을 뜻하는지 그 범위가 분명하지 않다는 사실을 말이다. 여기서 말하는 '행위'는 정확히 어떤 행위를 배제하는가? 모든 행위를 다? 그렇지 않다면 어떤 행위를 말하는가? 그렇기에 종교개혁가들이 이 말을 핵심 표어로 내세웠을 때 교황을 지지하는 세력은 즉각 매우 합리적인 질문을 던졌다. "그 말은 성찬이나 세례 없이도 구원받을 수 있다는 말인가? 그런 예식을 하는 과정에서 우리는 필연적으로 여러 행위를 하지 않는가?"

성찬의 빵과 포도주는 저절로 제대에 놓이지 않는다. 하느님께서 하늘에서 직접 말씀으로 축성하시는 것도 아니다. 집례자의 수고가 없다면 신자 후보는 세례를 받을 수 없다. 루터파를 비롯한 여러 종교개혁 진영은 이러한 비판에 분노하며 격렬하게 반응했다. 하지만 그들은 교회 생활에서 회중과 집례자의 역할을 점점 줄여 나가며 가톨릭 교회가 우려했던 바를 스스로 입증했다. 이는 분명 행위에 대한 두려움 때문에 벌어진 일이었다.

이 문제는 이번 장과 다음 장을 거치며 조금씩 더 파고들어 가 보겠다. 그리고 이 장 끝에서는 오래도록 이 표어와 관련해 일어나고 있는 또 다른 혼란을 짚어보겠다. 다시 표어로 돌아가자. 이 표어는 분명 좋은 표어이며 꼭 필요한 쓰임새가 있다. 진실로 우리는 행위가 아닌 믿음으로 의롭게 되었다. 하느님께서 우리를 의롭다고 판단하실 때 그분이 마지막으로 살피는 것은 '우리가 했다고 말할 수 있는 행위'가 아니라 '믿음을 통해 우리 것이 된 하느님의 행위'다. 올바로 쓰일 때 이 종교개혁의 표어는 설교자와 교사, 집례자가 우리의 행위가 아닌 하느님의 행위를 통해 주어지는 의로움에 청중이 마음을 열도록 설교하고 가르치고 예배를 구성하라고 일러 준다. 그리고 중세 말 서방 교회에는 바로 이러한 지침이 절실하게 필요했다. 하느님의 행위에 대한 믿음이 어떻게 우리를 실제로 의롭게 만드는가는 또 다른 문제이며 이는 다음 장에서 다룰 것이다. 일단 여기서는 이 표어의 오용을 먼저 살펴보겠다. 내가 보기에는 두 가지 경우를 꼽을 수 있다.

먼저 '행위가 아닌 믿음으로 의롭게 되었다'는 말을 되풀이할수록, 우리는 그 말이 지닌 힘에 압도되어 이 표어가 어디까지나 교리의 일부에 대한 진술이라는 사실, 곧 '복음에 대한 진술'일 뿐 '복음 그 자체'가 아니라는 사실을 잊는 경향이 있다.

신약성서 전반이 분명하게 밝히듯 복음은 실제로 일어났

다고 선포되는 사건에 관한 서사, 다시 말해서 이스라엘의 그리스도이신 예수의 삶과 죽음, 부활에 관한 이야기다. 루가가 전하는 설교의 전형을 생각해 보라.

> 유대 사람들과 모든 예루살렘 주민 여러분, 이것을 아시기 바랍니다. 내 말에 귀를 기울이십시오. 지금은 아침 아홉 시입니다. 그러니 이 사람들은, 여러분이 생각하듯이 술에 취한 것이 아닙니다. 이 일은 하느님께서 예언자 요엘을 시켜서 말씀하신 대로 된 것입니다. "하느님께서 말씀하신다. 마지막 날에 나는 내 영을 모든 사람에게 부어 주겠다. 너희의 아들들과 너희의 딸들은 예언을 하고, 너희의 젊은이들은 환상을 보고, 너희의 늙은이들은 꿈을 꿀 것이다. 그 날에 나는 내 영을 내 남종들과 내 여종들에게도 부어 주겠으니, 그들도 예언을 할 것이다. 또 나는 위로 하늘에 놀라운 일을 나타내고, 아래로 땅에 징조를 나타낼 것이니, 곧 피와 불과 자욱한 연기이다. 주님의 크고 영화로운 날이 오기 전에, 해는 변해서 어두움이 되고, 달은 변해서 피가 될 것이다. 그러나 주님의 이름을 부르는 사람은 구원을 얻을 것이다." 이스라엘 동포 여러분, 이 말을 들으십시오. 여러분이 아시는 바와 같이, 나자렛 예수는 하느님께서 기적과 놀라

운 일과 표징으로 여러분에게 증명해 보이신 분입니다. 하느님께서는 그를 통하여 여러분 가운데서 이 모든 일을 행하셨습니다. 이 예수께서 버림을 받으신 것은 하느님이 정하신 계획을 따라 미리 알고 계신 대로 된 일이지만, 여러분은 그를 무법자들의 손을 빌어서 십자가에 못박아 죽였습니다. 그러나 하느님께서는 그를 죽음의 고통에서 풀어서 살리셨습니다. 그가 죽음의 세력에 사로잡혀 있는 것은 있을 수 없는 일이기 때문입니다. 다윗이 그를 가리켜 말하기를 "나는 늘 내 앞에 계신 주님을 보았다. 나를 흔들리지 않게 하시려고, 주님께서 내 오른쪽에 계시기 때문이다. 그러므로 내 마음은 기쁘고, 내 혀는 즐거워하였다. 내 육체도 소망 속에 살 것이다. 주님께서 내 영혼을 지옥에 버리지 않으시며, 주님의 거룩한 분을 썩지 않게 하실 것이다. 주님께서 나에게 생명의 길을 알려 주셨으니, 주님의 앞에서 나에게 기쁨을 가득 채워 주실 것이다" 하였습니다. 동포 여러분, 나는 조상 다윗에 대하여 자신 있게 말씀드릴 수 있습니다. 그는 죽어서 묻혔고, 그 무덤이 이 날까지 우리 가운데에 남아 있습니다. 그는 예언자이므로, 그의 후손 가운데서 한 사람을 그의 왕좌에 앉히시겠다고 하느님이 맹세하신 것을 알고 있었습니다. 그래서 그는 그리스도의 부활을 미리 내다 보고 말하기를 "그리스도는 지옥에 버려지지 않았고, 그의 육체는 썩지 않았다" 하였습니다. 이 예수를 하느님께서 살리셨습니다. 우리는 모두 이 일의 증인입니다. 하느님께서는 이 예수를 높이 올리셔서, 자기의 오른쪽에 앉히셨습니다. 그는 아버지로부터 약속하신 성령을 받아서 우리에게 부어 주셨습니다. 여러분은 지금 이 일을 보기도 하고 듣기도 하고 있는 것입니다. 다윗은 하늘에 올라가지 못하였으나, 그는 이렇게 말하였습니다. "주님께서 내 주님께 말씀하시기를, 내가 네 원수를 네 발 아래에 굴복시키기까지, 너는 내 오른쪽에 앉아 있어라 하셨습니다." 그러므로 이스라엘 온 집안은 확실히 알아두십시오. 하느님께서는 여러분이 십자가에 못박은 이 예수를 주님과 그리스도가 되게 하셨습니다. (사도 2:14~36)

여기서 베드로가 전한 설교의 얼개는 매우 단순하다. 이스라엘의 예언자들이 예고했던 대로 이스라엘의 하느님이 표징과 기적을 통해 입증하신 나자렛 예수를 당신들이 십자가에 못박았다. 그러나 하느님께서는 그를 일으키시고 하늘에서 성령을 통해 온 세상을 통치하게 하셨다. 이 설교는 복음서가 상세하게 전하고 있는 이야기를 간결하게 요약한다.

개신교인들은 (이제는 일부 로마 가톨릭 신자들까지도) 너무나 자주 믿음으로 의롭게 되었다는 말이 복음인 것처럼 설교하고 가르친다. 그러나 이는 복음이 아니다. 다른 중요한 교리, 이를테면 '성부는 삼위일체 하느님이라는 생명의 유일한 원천이다'라는 교리처럼 복음'에 관한' 중요한 진리일 뿐이다. 게다가 여기에는 수많은 경건한 영혼이 빠져드는 영적 함정이 있다. '우리는 믿음으로 의롭게 된다'는 말은 분명 하나의 교리, 교회의 메시지와 실천에 대한 규칙이다. 달리 말해 (그리고 곧 살필 또 다른 종교개혁 표어를 빌리면) 이는 '복음'이 아니라 '율법'이다. 하지만 이 말이 복음인 양 선포된다면, 내 의로움을 세워주는 하느님의 말씀 그 자체인 것 마냥 제시된다면("그냥 믿어라!") 이렇게 물을 수밖에 없다. "나는 정말 믿고 있는가? 나는 과연 믿을 수 있는가?" 이렇게 될 경우 누군가는 그저 믿어야 한다는 강박 속에 억지로 믿음을 만들어 내려 애쓸지도 모른다. 어떤 식으로든 '나'가 '나 자신' 안에 갇혀 버리는 것이다. 이것이야말로 '행위로 의롭게 된다'는 말이 뜻하는 바다. 루터Martin Luther는 바로 이를 죄의 가장 보편적인 모습으로 보았다.[2]

---

[2] 죄인이라는 것은 '인쿠르바투스 인 세'incurvatus in se, 즉 '자기 자신에게로 굽어 있는 상태'에 있다는 뜻이다.

신학교에서 처음 조직신학을 가르치던 해에 나는 학생들을 복잡한 논증으로 끌고 다녔다. '우리는 행위가 아닌 믿음으로 의롭게 된다'는 말이 또 다른 율법, 곧 '믿음'이라는 이름의 새로운 '행위'를 요구하는 말이 아님을 설명하려 했기 때문이다. 돌이켜보면 이를 학생들보다는 나 자신에게 설명하기 위해 몸부림쳤던 것 같다. 다양한 교파에 속한 이들과 깊이 있는 대화를 나누고 나서야 비로소 이 표어가 하나의 '율법'이라는 사실을, 누구를 위한 규칙인지 정확하게 규정해야 좋은 규칙이라는 사실을 깨달았다. 이 표어는 그리스도교 설교자와 교사들을 향한 명령이다. 그들은 청중이 설교하고 가르치는 자신들의 행위가 아니라 구원하시는 하느님의 의를 신뢰하도록 메시지를 구성해야 한다. 표어는 이를 요구한다. 또한 교회가 언제나 이스라엘의 예수에 관한 메시지를 전할 것을 촉구한다. 교회는 예수의 삶과 십자가, 그리고 부활이 왜 우리의 의로움을 이루어 주는지 분명하게 증언해야 한다.

또 다른 오용의 경우는 '행위가 아닌 믿음에 의한 칭의'라는 말이 더는 복음의 구체적인 이야기를 불러내지 못할 때다. 그러한 상태에서 이 표어를 계속 사용하면 표어는 믿음을 또 다른 '행위'로, 즉 '우리의 의로움'으로 바꾸어 버린다.

루터가 살아있을 때 루터파 안에서 최초로 등장한 이단으로 요하네스 아그리콜라Johannes Agricola라는 인물이 있다. 그는 교회 예배 설교에서 십계명을 포함한 율법을 본문으로 삼거나 가르치는 일을 다 없애 버리려 했다. 아그리콜라는 세례받은 다음에는 그저 복된 복음을 반복해서 듣기만 하면 된다고 생각했다. 그리고 루터가 보기에 이런 아그리콜라의 가르침은 자신이 그때까지 맞서 싸운 반半펠라기우스주의semi-Pelagianism만큼이나 나쁜 것이었다.[3]

오늘날에도 이런 말을 듣곤 한다. "우리는 복음의 교회지(여기서 아그리콜라가 끼어드는데) 율법의 교회가 아닙니다." 그렇게 우리는 율법과 복음을 구별하는 이유가 어느 한쪽만이 아니라 둘 모두를 지키기 위해서라는 사실("그래도 당신이 믿어야 구원받습니다"라는 조건을 끼워 넣어 복음 선포가 부패하는 일을 막고, "간음을 했다고요? 정말 나쁜 일입니다. 그만둬야 합니다. 하지만 용기를 내십시오. 하느님의 사랑은 모든 것을 덮습니다"라는 말처럼 값싼 복음이 율법을 완화하는 일을 막기 위해서라는 사실)을 잊는다.

루터는 복음과 계명의 관계를 아그리콜라와는 전혀 다르게 해석했다. 부모와 청소년 교사들을 위해 쓴 『대교리문답』

---

[3] 반펠라기우스주의는 신학 명제보다는 오히려 전례와 다른 실천들에 깃들어 있다.

Der Große Katechismus에는 이런 그의 견해가 가장 분명하게 드러난다. 그중에서도 주목할 만한 부분은 신조creed를 해설하는 대목이다(루터는 이 장 제목을 전통의 용례를 따라 '믿음'Der Glaube이라고 부른다).[4] 여기서 그는 신조의 가르침이 우리 안에서 어떤 믿음을 빚어내는지 이야기한다. 먼저 십계명을 풀어 설명한 다음 신조를 해설하며 질문을 던진다는 점이 흥미롭다. "앞에서 하느님의 뜻을 가르친 것만으로는 충분하지 않은가? 우리가 의롭게 되려면 무엇이 더 필요한가? 왜 우리에게는 신조가 필요한가?" 그는 계명은 하느님께서 우리가 무엇을 하기를 원하시는지 알려주고, 믿음은 우리가 이를 행할 수 있게 해 준다고 답한다. 믿음은 계명을 면제해 주지 않는다. 오히려 반대로, 믿음은 기꺼이 계명들에 순종하게 한다.

루터는 우리가 무엇을 하기를 하느님께서 바라시는지에 대한 내용이 복음에 없다는 사실에 주목해야 한다고 말한다. 이를 가르치는 건 계명, 특히 그가 먼저 해설한 십계명이다. 루터에게 복음만으로 이루어진 행위, 혹은 복음에서 끌어낸 신실한 행위는 존재하지 않는다. 놀라운 사실은 루터가 신조

---

4 이 책은 일종의 교사용 지침서라고 할 수 있다. 『소교리문답』Der Kleine Katechismus도 있는데, 한때 루터교 아이들은 이 책 내용을 꼭 외워야 했다.

를 해설한 뒤 많은 사람이 생각하는 루터의 가르침과는 전혀 다른 주장을 펼친다는 점이다.

> 믿음은 ... 우리를 경건하게 하고 하느님을 기쁘시게 한다. 왜냐하면 이 고백을 통해 우리가 하느님의 모든 계명을 향한 열망과 사랑을 얻기 때문이다.[5]

두 번째 문장 맨 앞의 "왜냐하면"을 주목하라. 루터에 따르면 하느님이 우리의 믿음에 기뻐하시는 이유는 믿음이 율법을 사랑하게 하기 때문이다. 믿음은 계명에서 우리를 면제해주지 않는다. 오히려 여러 시편이 고백하듯 기쁜 마음으로 계명에 순종케 한다. 하느님께서는 자신의 피조물이 바로 그렇게 하기를 바라신다.

아그리콜라의 오류는 두 가지 형태로 나타난다. 하나는 아그리콜라 본인의 제안이다. 그에 따르면 신자는 율법을 들을 필요도, 윤리에 대해 염려할 필요도 없다. 복음을 믿기만 하면 그런 것들이 더는 필요하지 않다는 이야기다. 물론 우리가 이미 하느님 나라에 있고 옛 아담이 스올에 굳게 갇혀

---

[5] Lust und Liebe = '에로스와 아가페'!

있다면 정말로 그렇다고 할 수 있다. 요한이 환상에서 본, 하느님의 보좌 주변을 둘러싼 무리는 윤리 문제에 시달리지 않는다. 옳고 그름을 분별하기 위한 계명을 필요로 하지도 않는다. 하지만 우리는 아직 그 무리에 속하지 않았다. 아그리콜라는 바로 이를 망각했으며 그와 동시대의 다른 종교적 낭만주의자들religious romantics도 마찬가지였다.[6]

아그리콜라가 범한 이 오류는 때때로 더 나쁜 방향으로 나아간다. 우리는 아직 하느님 나라 안에 있지 않기 때문에 신자든 아니든, 인정하든 인정하지 않든 결국 옳고 그름의 문제와 마주하게 된다. 그렇기에 우리가 하느님의 계명에서 벗어났다고 생각하면 우리는 필연적으로 스스로 만든 계명을 따라 살게 된다. 심지어 누군가는 이를 그리스도인의 참된 자유라 주장하기도 한다. 결국 하느님에 대한 앎이 우리에게 새겨져 있으니 그분의 뜻을 알기 위해서는 참된 자아의 명령만 따르면 된다는 것이다.[7,8]

그러나 이 내면의 계시, 즉 하느님이 인간의 마음에 당신

---

[6] 루터는 이들을 열광주의자Schwärmer라고 불렀다.

[7] 로마인들에게 보낸 편지 1-2장 참조.

[8] 이를테면 이렇게 말하는 식이다. "내가 느끼는 이 열정이 틀릴 리 없어. 이 열정이야말로 진짜 나를 드러내 주니까."

의 뜻을 새겨두었다는 생각을 두고 바울은 인간성의 타락이 우리가 참된 하느님과 그분의 뜻을 알기를 원하지 않는다는 데서 드러난다고 말한다. 하느님께서 우리 마음에 새겨 넣으신 뜻도 마찬가지다. 우리는 하느님께서 마음에 새겨 주신 계시조차 왜곡해 우리가 제멋대로 선택한 행동을 하느님의 뜻으로 정당화한다.

명백한 오용들을 다루었으니 처음에 예고했던 두 번째 혼란, 곧 '칭의'와 관련해 늘 일어나는 (단어의 애매모호함에서 비롯된) 혼란을 다루어 보고자 한다. 교회사에는 '칭의'라는 이름 아래 발전해 온 교리가 세 가지 있다. 이들은 서로 관련이 있지만 분명히 구별된다. 각각 다른 질문에 답하기 때문이다. 이 교리들이 같은 질문에 대한 서로 다른 의견들이라고 오해하면 혼란이 발생한다.

종교개혁 시기에 나온 '칭의' 교리는, 개혁가들이 거짓되거나 불충분하다고 본 중세 말 교회의 가르침과 실천을 반박하기 위해 제시된 교리였다. 그들은 질문했다. "오늘날 교회(중세 말 교회)의 통상적인 가르침에는 어떤 문제가 있는가?" 종교개혁가들은 바울의 '칭의' 신학에서 영감을 얻었고 그를 인용하면서 자신들의 주장을 뒷받침했다. '새관점' 학자들의 몇몇 성급한 주장에도 불구하고 개혁가들의 이런 시도가 전적으로 잘못된 것은 아니다.[9] 하지만 우리는 새관점 연구자들에게 감사해야 한다. 바울이 던진 질문과 종교개혁가들이 던진 질문이 다르다는 사실을 분명하게 지적해 주었기 때문이다. 바울이 던진 질문은 "주님께서는 어떻게 이방인 신자들을 당신의 백성으로, 공동체로 인도하시는가?"였다. 16세기에 이 질문은 전혀 논쟁거리가 아니었다. 그러한 점에서 종교개혁의 교리와 바울의 교리는 완전히 일치할 수 없다. 그렇다고 서로 충돌할 필요도 없다. 질문 자체가 달랐기 때문이다.[10]

한편, 표준 가톨릭 신학에서 '칭의'라는 이름으로 등장하는 교리는 하느님께서 신자들을 의로운 삶으로 이끌어 가시는 수단과 단계를 설명한다. 이 교리 역시 바울과 종교개혁의 각 교리와 연결되어 있으며 종교개혁 교리와 마찬가지로 바울의 말을 근거로 삼는다. 그러나 이 교리에 담긴 질문은 또 다르다. 표준 가톨릭 신학의 칭의 교리는 "우리가 살아가

---

9 바울에 대한 새관점 학파와 옛 관점을 옹호하는 학파 사이의 논쟁을 종합적으로 살피고자 한다면 다음을 참조하라. Stephen Westerholm, *Perspectives Old and New on Paul: The "Lutheran" Paul and His Critics* (Grand Rapids: Eerdmans, 2004).
10 따라서 바울의 가르침을 정확하게 재현하지 못했다는 비판만으로 루터의 교리를 반박할 수 없다.

는 동안 하느님께서는 어떻게 우리를 흠 없는 의로움으로 인도하시는가?"라는 질문에 대한 답이다.

종교개혁의 교리와 가톨릭의 교리를 각각 지지하는 이들은 대화를 하든 논쟁을 하든 수백 년 동안 같은 문제를 놓고 다툰다 생각했다. 그러나 실상은 서로 다른 문제를 풀어내고 있었을 뿐이었다. 상대편이 바울과 정반대의 해석을 한다고 생각했지만, 실은 각자 합당한 질문을 가지고 바울을 살피고 있었던 것이다. 이로부터 생긴 수많은 혼란을 해소하는 데 일정한 진전이 있었지만, 여전히 오해는 계속되고 있다.

심지어 로마 가톨릭 교회와 루터교가 공동으로 발표한 『칭의(의화) 교리에 관한 공동 선언문』Joint Declaration on the Doctrine of Justification에서도 그 흔적을 발견할 수 있다.[11] 공동 선언문에 반대하는 두 교단의 교단 신학 근본주의자들에게서는 더 분명하게 드러난다.

---

11 바티칸 웹사이트에서 쉽게 (게다가 무료로) 살펴볼 수 있다.

III
믿음에 의한 칭의 – 믿음의 문제

'행위가 아닌 믿음에 의한 칭의'라는 문장이 단순한 표어가 되어 버리는 까닭이 있다. "믿음이 어떻게 우리를 의롭게 하는가?"라고 묻는 순간 "믿음에 의해"라는 말은 단순한 답이 아니라 교회의 역사 속 서로 다른 두 신학 전통이 부딪히고 갈등하며 얽혀 온 복잡한 역사를 가리키고 있다는 사실이 드러나기 때문이다.

이 질문에 대한 루터의 대답을 담고 있는 대표적인 저술로 사람들은 『그리스도인의 자유』Von der Freiheit eines Christenmenschen를 꼽곤 한다. 한때 이 글은 루터교 신학생들이 반드시 읽어야 할 필독서로 지정되기도 했다. 그리고 분명 명성을 누리고, 교육 과정에서 일정한 자리를 차지할 만한 가치가 있다.

하지만 나는 그 글을 읽을 때마다 거듭 좌절하곤 했다. 반드시 있을 거라 확신했던 내용을 찾을 수 없었기 때문이다.

일반적인 루터교 해설에 따르면 믿음이 우리를 의롭게 하는 이유는 예수의 속죄 활동의 열매를 하느님께서 믿음을 가진 이들의 것으로 간주해 주시기 때문이다.[1] 그분은 죄인인 우리를 바라보실 때 실제로 보이는 모습에도 불구하고 그리스도로 인해 우리가 의롭다고 판결하신다. 하느님께서 우리를 의롭다고 선언하시면 이는 실제로 사실이다. 그러나 이 사실은 언제나 '그럼에도 불구하고'라는 말로 표현되는 신비 안에서만 성립한다.

믿음이 우리를 의롭게 하는 이유에 대한 위와 같은 설명은 단순하면서도 일관성이 있다. '그럼에도 불구하고'라는 말이 이 설명의 중심에 신비를 남겨 둔다면, 이는 약점이 아니라 복음다운 신비로서 좋은 일일 수 있다. 하지만 곤란한 점이 하나 있다. 바로 『그리스도인의 자유』는 칭의라는 신비를 지금까지의 이야기와는 전혀 다른 곳에서 찾는다는 사실이다.

루터는 이 글에서 우리가 믿을 때 하느님의 구원이 주는

---

[1] 이는 대부분 필립 멜란히톤Philip Melanchthon에서 비롯된 것이다.

모든 선물(의, 사랑, 기쁨 등)을 받는다고 말한다. 여기까지는 예상했던 대로 진행된다. 그러나 곧 루터는 "어떻게 이런 일이 가능한가?"라는 문제로 들어가 두 가지 대답을 제시하는데, 이는 내가 예상하거나 위에서 언급한 설명과 다르다.

먼저 루터에 따르면 누군가를 믿는다는 것은 우리가 그에게 드릴 수 있는 가장 큰 영예다. 따라서 하느님을 믿는 것은 곧 십계명의 첫 번째 계명을 성취하는 것이다. 그리고 정통을 따르는 모든 교회가 가르쳤듯 첫 번째 계명에 순종하면 (아무리 더디고 수많은 시행착오가 있다 할지라도) 자연스럽게 두 번째 계명(이웃 사랑에 관한 계명)에도 순종하게 된다. 하느님을 신뢰하면 그분의 뜻을 이루려 하게 된다.[2] 이 설명은 『대교리문답』에서 루터가 제시한 내용과도 잘 맞아떨어진다.

두 번째 대답은 신학적으로 더 깊다. 루터는 단순히 복음을 듣는 것만으로도 우리의 인격이 의롭게 된다고 말한다. 어떻게 그런 일이 가능한가? 여기서 루터는 자신의 초기 저술에서 보여주었던 사유 방식을 따른다. 아리스토텔레스Aristotle의 인식론에 대해 갖고 있던 기본 입장을 창조적으로

---

[2] 그래서 어린이들이 암송해야 했던 제2계명에 대한 교리문답의 설명은 모두 이렇게 시작한다. "우리는 하느님을 경외하고 사랑해야 한다. 그래서 우리는 …"

전유한 것이다.[3] 아리스토텔레스에 따르면 의식consciousness은 그 자체로는 아무것도 아니며 단지 경험할 수 있고, 알 수 있는 가능성일 뿐이다.[4] 의식의 모든 내용과 성격은 한 사람이 경험하고 아는 바에 따라 형성된다.[5] 아리스토텔레스의 경우 실재를 향해 열려 있는 주된 통로는 '보는 것'이었다. 따라서 나라는 주체와 관련해, 내가 바라보며 내 시선을 붙드는 바로 그 대상이 나를 빚어낸다.[6] 루터는 이 아리스토텔레스의 분석을 받아들임과 동시에 성서가 제시하는 관점을 따라 '보는 것'보다 '듣는 것'을 타자를 향해 자신을 여는 주요 방식으로 여겼다. 그에 따르면, 내가 지적이고 도덕적인 존재

---

[3] 루터가 철학자들을 다루는 방식은 (격렬한 수사로 인해 우리가 받는 인상과 달리) 어떤 점에서 토마스 아퀴나스Thomas Aquinas와 크게 다르지 않다.

[4] 아리스토텔레스의 '누스'νοῦς라는 말은 번역이 거의 불가능하다. 보통 라틴어로는 '멘스'mens라고 옮기고, 영어에서는 이를 다시 '마인드'mind로 옮기는데, 이렇게 옮기다 보면 원래 뜻에서 한참 멀어지기 쉽다. '누스'는 우리가 어떤 맥락에서 아리스토텔레스를 읽느냐에 따라 그때그때 다르게 번역하거나 풀어 설명해야 한다. 솔직히 말하면 내가 여기서 시도한 번역들을 아리스토텔레스가 인정해 줄지 모르겠다.

[5] 설령 이 가능성이 칸트Immanuel Kant가 말하듯 구조화되어 있다고 해도, 아리스토텔레스가 말하려는 핵심은 달라지지 않는다. 그리고 나는 그 핵심이 맞다고 생각한다.

[6] '보는 것'과 그리스-이교적인 우상숭배의 연관성에 대해서는 다음을 참조하라. Jean-Luc Marion, *God without Being: Hors-Texte* (Chicago: University of Chicago Press, 1991).

인 한, 나에게 들려오며 내가 귀 기울이는 그 말이 '나'를 빚어낸다. 이 같은 맥락에서 우리가 하느님의 말씀에 귀 기울이면, 그 말씀의 내용이 우리를 형성한다. 말씀이 전하는 (평화, 사랑, 그리고 그 외 여러 가지) 선한 것들은 말씀에 귀 기울이는 우리를 그에 걸맞은 인격으로 빚어낸다. 그러므로 하느님께서 복음에 귀 기울이는 이를 의롭다고 선언하실 때 이는 단순한 수사가 아니다. 사실에 대한 판단이다. 죄인인 존스Jones가 복음에 사로잡히면, "존스는 의롭다"라는 말은 곧바로 참이다. 그는 여전히 사소한 죄들에 기대어 삶을 짜 맞추려 하지만, 그에게 거하시는 하느님의 의 앞에서 그 죄들은 더는 힘을 발휘하지 못한다. 그러한 면에서 죄인의 칭의는 역설이나 허구가 아니라 신비다.

다음으로 이 책에서 내가 의지하는 신학 공리에 따르면 하느님의 인격과 그분의 속성은 따로 떨어져 있지 않으며 동일하다. 그러므로 하느님의 의가 한 사람의 영혼을 빚어간다는 것은 곧 하느님 자신이 직접 그의 영혼에 임하셔서 그 영혼을 다스리신다는 뜻이다. 복음이 그리스도 안에 있는 하느님의 말씀이라면, 복음을 듣고 믿는 누군가의 영혼에 임하시는 하느님은 그리스도 안에서, 그리스도를 통해 임하시는 하느님이다. 그래서 루터는 이를 자기 신학의 원리로 삼았다.

믿음 안에 그리스도께서 계신다In ipsa fide Christus adest.[7]

믿음은 실제로 우리의 인격을 의롭게 만든다. 믿음 안에 계신 그리스도, 의로우신 그분이 우리를 다스리시고 변화시키시기 때문이다. 여기서 아그리콜라는 반문할지 모른다. "내가 한 이야기와 비슷하지 않은가? 신자들은 내면의 자아를 따라가기만 해도 그리스도의 다스림을 받으며 하느님의 뜻에 맞게 되는 것 아닌가? 결국 그들은 그리스도와 인격에서 하나가 되는 것 아닌가?"

이에 루터는 또 다른 신학 원리로 답한다. 그에 따르면 믿음은 낯선 앎이다. 믿음은 대상을 환히 드러내는 투명한 창이 아니라 오히려 그 대상을 둘러싼 어두운 구름과 같다. 따라서 믿는 이의 영혼 안에 있는 그리스도는 감추어져 있다. 그분을 찾기 위해 내면으로 시선을 돌리면 우리는 무지의 구름cloud of unknowing으로 들어가게 될 뿐이다. 어떠한 자기 성찰이나 심오한 종교 체험도 우리 안에 계신 그리스도를 우리에게 드러내 주지는 못한다. 그러므로 그리스도에 의해 내적으로 변화되었다고 해서 곧장 외적 행위의 공리들을 찾아

---

[7] 이와 관련해서는 다음을 참조하라. Tuomo Mannermaa, *Christ Present in Faith: Luther's View of Justification* (Minneapolis: Fortress Press, 2005).

낼 수는 없다. 그 변화를 우리가 볼 수 없기 때문이다. 얼굴과 얼굴을 맞대고 보게 될 때까지 우리 안에서, 우리에게 감추어진 채 우리를 다스리시는 그리스도께서는 내면의 음성이나 환상이 아닌 외부의 말씀을 통해 우리에게 말을 건네신다.[8] 그분은 특히 우리의 외적 행위를 인도하시기 위해 그런 방식으로 말을 건네신다.

하느님께서 우리를 의롭게 보아주셔서 우리는 의로움을 얻는다. 곧 의로우신 그리스도께서 우리 영혼 안에 머무르시며 우리 영혼을 빚어 가신다. 이것이 바로 칭의다. 이를 세우는 데 우리의 행위는 전혀 필요하지 않다. 그러나 우리의 이웃을 해치거나 돕는 것은 우리 안에 있는 의가 아니라 우리의 외적 행위다. '나'는 몸을 통해 이웃에게 다가가고, 이웃 또한 몸을 통해 '나'에게 다가온다. 그러므로 몸과 몸의 행위를 다룰 때 (하느님 나라를 기다리는) 우리는 성서에 담긴 율법의 말씀에 의존할 수밖에 없다.

두 번째 해석에 이만큼 지면을 할애했다는 사실만 보아도 이를 '믿음에 의한 칭의'라는 표어의 올바른 사용으로 봄을 알 수 있다. 이 해석은 루터가 주로 염두에 두고 있었던 생각

---

8 그렇다면 아리스토텔레스의 통찰은 신학을 통해 비로소 완성되는 게 아닐까?

으로 보이며, 루터교 역사에서 주류는 아니었지만, 『일치 신조』The Fomula of Concord에서부터 19세기의 여러 신학, 그리고 오늘날 이른바 '핀란드 학파'에 이르기까지 하나의 전통으로 꾸준히 이어져 내려왔다.[9] 이에 견주면 또 다른 칭의론, 곧 칭의를 하늘의 법정에서 재판관인 하느님이 내리는 판결로 여기는 이론은, 이를 방어하려 애쓴 수많은 (그리고 탁월한) 시도에도 불구하고 칭의를 자의적인 것으로 보이게 만든다는 문제를 피할 수 없다.[10] 분명 우리에게는 '행위가 아닌 믿음에 의한 칭의'라는 표어가 필요하다. 그러나 그 표어를 끌어다 쓸 때, 잠시 멈추어 서서 그 표어로 정확히 무엇을 하려는지 스스로 물어야 한다. 나도 강의실에서, 강단에서, 글에서 이 표어를 이상한 방식으로 쓴 적이 있다.

---

9 위에서 언급한 마네마Mannermaa는 이 흐름이 역사 연구와 조직신학을 아우르는, 놀라울 정도로 폭넓은 기획이라고 이야기한다.
10 물론 칭의에 대한 두 가지 이해는 결국 하느님의 선택이라는 신비에 의존한다.

IV

모든 신자는 사제다

이 장은 오래된, 다소 편견 섞인 농담으로 시작하고픈 유혹이 든다. 유혹에 넘어가는 셈 치고 농담은 이렇다.

> 많은 사람이 만인 사제직을 칭송하나 실제로 생각하는 것은 모든 사제의 평신도화다.[1]

19세기 이후 모든 신자의 사제직, 혹은 만인 사제직이라는 표어는 개신교인들이 가장 사랑하는 구호가 되었다. 하지만 이 말의 출처는 불분명하다. 루터교 신앙고백들에서 만인 사제직과 가장 유사한 표현은 멜란히톤Philip Melanchthon이 남긴 말이다. 그는 참된 사제직은 그리스도를 따르는 교회에

---

[1] 예전에는 이 문장의 출처를 알고 있다고 생각했는데, 잊어버렸다.

속하며 교회가 하느님 앞에서 교회의 지체들을 대표한다고 말했다.[2] 그러나 이 말을 신중하게 읽어보면 오늘날 개신교인들이 흔히 생각하는 바와 전혀 다른 내용을 말하고 있음을 알 수 있다.

사제직Priesthood은 본래 다른 이들을 대표해 하느님 앞에 서는 자리다.[3] 이 의미로 사제직을 받아들이면 '만인 사제직'이라는 표어에 반대할 교파는 어디도 없을 뿐 아니라 논쟁거리조차 되지 않을 것이다. 모든 그리스도교 신앙고백은 신자들이 서로를 위해 중보하고 대표해야 하며, 하느님 앞에서도 그래야 한다는 것을 당연한 전제로 삼고 있기 때문이다. 그러한 점에서 세례받은 모든 이가 사제라는 주장은 로마 가톨릭 교회의 특별한 사제직에 관한 교리와도 모순되지 않는다.

그러나 종교개혁가들은 사제의 직무를 (아우구스부르크 신앙고백Augsburg Confession에 나오는 표현을 빌리면) '프레디탐트'Predigtamt, 즉 '설교의 직분'으로 대체하는 경향이 있었다. 바로 이 지점에서 '만인 사제직'이라는 표어는 우리에게 통

---

[2] *Treatise on the Power and Primacy of the Pope* (WA 3:45)
[3] 그렇기에 이스라엘에서 제사장은 하느님의 신탁을 전달할 때, 백성을 대표하여 하느님에게 질문을 올리고 그에 대한 답을 전하는 방식을 취했다.

찰을 줄 수도, 문제를 일으킬 수도 있다. 아우구스부르크 신앙고백 4조는 믿음에 의한 칭의 교리를 다루고 있다. 그리고 5조는 이 책의 1장부터 3장까지의 흐름을 따라 이렇게 말한다.

> 이 믿음을 가능케 하기 위해 하느님께서는 설교 직분을 제정하셨다.[4]

여기까지는 뜻이 분명해 보인다. 그러나 이어서 하느님께서 이 직분을 어떻게 제정하셨는지, 어떤 사람이 이 직분을 받는지, 그리고 맡은 이에게 이 직분은 어떤 의미가 있는지, 이 직분은 설교 외에 어떤 직무를 포함하는지를 물으면 저 문구는 상당한 해석의 여지가 있음을 알게 된다.[5] 그리고 그 해석은 (약간 과감하게 말하면) 종교개혁을 어떻게 이해하느냐에 따라 크게 둘로 나뉜다.

종교개혁을 이해하는 첫 번째 방식은 루터와 다른 종교개

---

[4] 동등한 권위를 지닌 라틴어 본문에서는 이렇게 말한다. '복음을 가르치고 성사를 집행하는 직무'ministerium docendi evangelium et sacramenta porrigendi.

[5] 내가 속한 루터교 교단은 의도적으로 '사목 직분에 관한 교리' 없이 만들어졌다.

혁가들이 복음을 '재발견했다'고 보는 것이다.[6] 이러한 관점은 독일 개신교 신학에 널리 퍼져있다. 복음을 '재발견'했다는 말은 그전에는 복음을 잃어버렸다는 뜻이다. 복음을 잃어버렸다면 종교개혁이 있기 전 일정 시기 동안 교회는 참된 교회가 아니었던 셈이 된다. 그렇기에 이러한 관점에서 종교개혁은 교회를 사실상 다시 세운 사건이며 아우구스부르크 신앙고백 및 이와 유사한 문서들은 다시, 혹은 새롭게 세운 교회의 헌법이 된다. 그리고 아우구스부르크 신앙고백을 다시 설립된 교회의 헌법으로 읽으면 앞서 언급한 5조 역시 교회의 사목 교리를 요약한 진술이 된다. 바로 여기서 사람들은 '만인 사제직'이라는 표어를 근거 삼아 논의의 방향을 끌고 가고, 설교 직분은 단지 기능적인 역할이 된다. 즉 누군가는 복음을 반드시 말해야 하고, 원칙상 세례받은 모든 이가 사제이므로 누구든 복음을 전할 수 있다. 그렇다면 별도의 '설교 직분'이 있는 이유는 (흔히 설명하듯) 단지 교회 질서를 유지하기 위해서일 뿐이다. 이는 '만인 사제직'이라는 표어를 적절하게 사용하는 것일까? 아니면 잘못 사용하는

---

6 이러한 해석을 가장 철저하게 밀어붙인 예로는 베르너 엘러트Werner Elert의 다음 저서를 들 수 있다. Werner Elert, *Morphologie des Luthertums* (München: C.H.Beck, 1931). 이 책은 마르틴 루터의 '원초적 경험'Urerlebinis에 기초하여 루터교 역사를 조망한다.

것일까?

이러한 입장을 지지하는 근거는 루터의 초기 저술들, 특히 『독일의 그리스도인 귀족들에게』An den Christlichenn Adel deutscher Nation와 『교회의 바빌론 유수』Von der babylonischen Gefangenschaft der Kirche에서 찾을 수 있다. 이 저술들에서 그는 세례야말로 참된 서품이며 모든 이는 물에 들어갔다가 나올 때 사제와 주교가 된다고 말했다. 그러나 루터는 이처럼 수많은 사제와 주교가 설교의 직분을 맡고 있다고 이야기하지는 않았다.

종교개혁을 이해하는 또 다른 방식은 중세 교회에는 분명 개혁이 필요했지만, 그렇다고 해서 교회가 아니었던 적은 없었다고 보는 것이다.[7] 이런 관점으로 역사를 읽는 이들은 종교개혁이 기존 서방 교회 내부에서 일어난 운동이라는 점을 강조한다. 이 이해에 따르면 교회를 다시 세우거나 새롭게 세울 필요는 없었고, 새로운 헌법도 필요하지 않았다. 따라서 아우구스부르크 신앙고백 5조도 교회 사목을 규정하는 헌법 조항은 아니다. 종교개혁을 이렇게 이해하면 종교개혁 시기에 나온 신앙고백 조항들이 교회의 삶 전체를 포괄한다기보다는, 특정 관심사를 밝히고 특정 사상과 실천의 오류

---

[7] 실제로 종교개혁의 또 다른 표어 중에는 '교회는 항상 개혁되어야 한다'ecclesia semper reformanda가 있다.

를 반박하는 데 그 목적이 있다고 보게 된다. 이 방식으로 아우구스부르크 신앙고백 5조를 읽으면 이 조항이 사제 서품에 관한 전통적인 이해를 대체하는 완전한 성직 교리라고는 생각하지 않을 것이다. 설령 이 조항이 설교의 목표를 믿음으로 규정한다 해도 설교자의 직분 전체가 새롭게 규정되지는 않는다. 이 관점을 따르는 이들은 이를 칭의의 믿음과 기존 직분의 관계를 밝히는 진술로 이해할 것이다. 이렇게 되면 기존의 가르침과 실천 대부분(이를테면 성찬은 서품받은 성직자만 집전할 수 있으며 서품은 교회를 통해 주어지는 직무의 은사라는 것)은 그대로 유지된다. 여기서 '만인 사제직'은 신자들이 서로를 돌보는 다양한 방식을 포괄하는 개념이다. 그리고 '설교 직분'은 그중 하나로 성사 및 가르침과 관련된 특별하고 고유한 역할을 가리킨다.

첫 번째 입장이 루터의 초기 사상에 기반을 두고 있다면, 두 번째 입장은 루터의 후기 사상과 실천에서 근거를 찾을 수 있다. 예컨대 사람들이 루터에게 당신이 과연 온 교회를 향해 꾸짖고 나설 권위가 있느냐 묻자 그는 자신의 세례가 아닌 서품과 교회가 공인한 신학박사 학위를 근거로 제시했다.

나는 첫 번째 해석이 이 표어에 대한 잘못된 사용이며, 두 번째 해석이 올바른 사용이라고 생각한다. 그러나 내가 지지하는 종교개혁을 이해하는 방식에도 반박의 여지가 있으며, 그렇기에 이 관점에 바탕을 둔 '만인 사제직'의 올바른 사용에 관한 논의 역시 비판받을 수 있다. 이 관점은 완벽하거나 결정적이지 않다. 하지만 교회가 처음으로 안정적인 직제를 갖게 된 역사를 되짚어 보면 둘 중 무엇을 선택해야 하는지는 분명하다. 사도시대 교회에는 사도 말고는 사목과 관해 별도의 지도자 역할이 없었고 필요하지도 않았다. 지역 교회마다 지도자가 있기는 했지만, 그 구조는 지역마다 달랐던 것으로 보인다.

사도들이 살아 있는 동안 교회는 자신을 '사도들의 교회'The Church of the Apostles로 여겼다. 사도들이 전하는 메시지와 하는 일이 곧 교회가 전하는 메시지요 하는 일이었다. 물론 심각한 논쟁과 위기도 있었다. 특히 이방인 신자들이 율법과 어떤 관계를 맺어야 하느냐는 문제가 그랬다. 그러나 당시에는 "교회의 참된 메시지와 실천은 무엇인가?"라는 질문에 대해 "교회의 참된 메시지와 실천은 사도들을 따라 우리가 실제로 선포하고 행하는 것이다"라고 답하는 것만으로 충분했다. 사도들이 세상을 떠난 뒤에도 얼마간은 이런 확신이 이어질 수 있었다. 사도의 제자들, 사도와 밀접하게 관런된 사람들이 있었기 때문이다. 그러나 이처럼 안전한 자기 확신은 끝없이 이어질 수 없었다. 이 책을 읽는 분 중에는 전화기 놀이를 해본 사람이 있을 것이다. 여러 명이 원을 그리고 앉아 한 사람이 옆 사람에게 작은 목소리로 어떤 말을 속삭이고 그 말을 들은 사람은 다음 사람에게 그 말을 전한다. 이렇게 계속 해서 처음 시작했던 사람에게 돌아오면 처음 전한 말이 크게 (종종 우스꽝스럽게) 달라져 있는 경우가 많다. 이게 이 게임의 묘미이자 핵심이다. 이 전화기 놀이를 할 때 맞닥뜨리게 되는 문제를 2세기 중엽 교회도 맞닥뜨렸다. 상당한 시간이 흘렀고 교회는 자신이 예상하지 못했던 것, 즉 '역사'history를 가지게 되었다. 이제 교회는 자신의 가르침과 실천을 전달해 온 '전통'tradition을 되돌아보아야 했다. 그리고 모든 전통이 안고 있는 문제, 즉 전통은 시간을 거치며 내용을 전해 주지만, 바로 그 과정에서 내용이 왜곡되기 쉽다는 문제와 마주해야 했다. 교회는 이제 물을 수밖에 없었다. "우리 공동체가 사도들의 공동체와 본질상 같다는 것을 어떻게 알 수 있는가?"

게다가 이처럼 불가피한 발전은 불운하게도 2세기 무렵 '영지주의 위기'gnostic crisis라 불렸던 시기에 일어났다. 영지주의는 고대 말 지중해 지역에 있었던 광적 종교 열풍이 만들어낸 산물이었다.[8] 영지주의자들은 지금까지 감춰져 있던 영적 세계의 비밀이 드러났으며 이 계시를 자신들이 소유하고 있다고 주장했다. 그중 다소 그리스도교 색채를 띤 신비주의 교사들은 참된 그리스도가 저 다른 세계에서 유출된 존재라고 주장했다. 그는 잠시 인간 예수에게 거해 계시를 전했을 뿐 죽지 않았으며 다시 그를 떠나 본래 자리로 돌아갔다. 이러한 그림에서 그리스도는 부활할 필요도 없었다. 이는 초기 공교회가 선포한 구원 이야기, 예수의 삶, 죽음, 부활과는 전혀 다른 이야기였다. 그러나 비밀과 금기를 탐닉하던 당시 문화에서 이 이야기는 많은 이를 매혹시켰다.[9] 이러한 가운데 교회에는 시간이 흘러도 공동체의 정체성을 지켜 줄 구조가 필요했다. 불과 한 세기 만에 이렇게 허황한 주장들이 쏟아져 나온다면, 앞으로 이어질 교회의 역사에서는 또 얼마나 많은 황당한 주장들이 나올까? 물론 교회는 궁극적으로 성령의 인도에 의존한다. 그러나 역사에서 그 의존은 세월의 흐름 가운데서도 공동체를 유지하게 해주는 제도와 구조를 통해 드러난다. 바로 이 시점에 (적어도 대다수 교회

---

[8] 캘리포니아를 생각해보라.
[9] 육체를 하찮게 여기는 영지주의 태도는 한편으로는 극단적인 금욕으로, 다른 한편으로는 종교적으로 미화된 성적 방종으로 나타났다.

가 믿어 온 바에 따르면) 성령께서는 메시지와 실천을 이어주는 세 가지 (서로 연결된) 제도를 주셨다.[10] 150년경에는 '신앙의 규칙'regula fidei이라고 불리는, 공교회의 공인을 받지는 못했지만 모든 교회에서 영향력을 행사하던 신경creed이 권위를 누렸다. 180년경에는 이스라엘의 성경(구약)과 함께 신약 정경이 널리 받아들여졌다. 그리고 이보다 좀 더 이른 시기에 사목과 관련된 직제에 대한 통일된 형태가 교회에 자리 잡았다(이 구조로 운영된 교회가 신경과 정경을 공인했다). 주교직에 대한 최초의 기록은 105년에서 110년 사이, 안티오키아의 이그나티우스Ignatius of Antioch가 쓴 편지들에 등장한다. 편지들에 담긴 내용은 아마 그가 관할하는 지역에서 실제로 이루어지는 상황과 이상적인 제안 사이 어딘가에 놓여 있을 것이다. 편지에 따르면 특정 지역에 있는 신자들은 모두 하나의 성찬 공동체를 이루어야 했으며 그 공동체에는 한 사람의 주교(에피스코포스ἐπίσκοπος, 이 그리스어는 집단의 질서와 일치를 감독하는 이를 뜻한다)가 있어야 했다. 주교 주변에는 영적 어른들인 '장로'(프레스뷔테로스πρεσβύτερος)와 공동체의 선행을 섬기는 '부제', 혹은 '집사'(디아코노스διάκονος)가 있었다.

---

10 다음을 참조하라. Robert W. Jenson, *Canon and Creed* (Louisville, Ky.: Westminster John Knox Press, 2010).

180년 무렵 리옹의 주교 이레네우스Irenaeus of Lyon의 글을 보면 이미 주교를 중심으로 하는 질서를 전제하고 있다. 그는 교회에서 그리스도의 말씀과 실천이 이어질 수 있는 이유가 살아있는 그리스도께서 계속 인격으로서 함께하시기 때문이라고 보았다. 따라서 이러한 연속성을 지켜 주는 제도들은 아무리 영감을 받았다 해도 규칙이나 문서만으로는 충분하게 유지될 수 없다. 반드시 인격으로, 몸으로 살아내는 사람들의 계승이 있어야 한다. 그래서 이레네우스는 영지주의자들과 논쟁하며 신앙의 규칙과 새로운 정경만 근거로 내밀지 않았다. 리옹에서 이어지고 있는 주교들의 계보를 함께 제시했다. 그는 누구도 자기 스스로 성령이 세운 권위 있는 전통의 수호자로 나설 수 없다고 보았다. 그 자리와 직무는 반드시 교회의 성사 활동을 통해 계승되어야 했다.

이렇게 이야기하더라도 이 초기 교회의 합의에 반하는 방식으로 '만인 사제직'이라는 표어를 쓰는 일을 막지는 못할 것이다. 이 문제에 있어 교회의 역사는 너무나 빨리 길을 잃어버렸을 수 있다. 그렇게 본다면 '만인 사제직'이라는 표어를 사용해 모든 성직을 없애고 평신도만 남기자는 주장을 할 수도 있겠다. 그러나 그렇게까지 극단적인 가정을 하지 않는다면, 이 표어를 그런 식으로 쓰는 것은 분명 잘못되었다.

V

율법과 복음의 구별

'율법과 복음'을 구별해야 한다는 요구는 분명 종교개혁, 특히 루터파에서 매우 중요한 표어였다. 개혁파 신학자들은 이 순서를 바꾸어 '복음과 율법'gospel and law이라고 부르는 경향이 있는데 그 역사를 다루지는 않을 것이다. 주제에서 너무 멀어질 수 있기 때문이다.[1] 이 표어에서 '율법'이란 대상에게 의무를 부과하는 모든 말을 뜻한다. 그런데 이러한 형식상 정의가 '율법'의 의미를 충분히 설명할 수 있는지는 분명하지 않다. 또한 이 율법이 언제나 성서에 기록된 율법을

---

[1] 나와 관점은 다르지만 이 주제와 관련된 역사에 대해서는 다음을 참조하라. Gerhard Forde, *The Law-Gospel Debate; and Interpretation of its Historical Development* (Minneapolis: Augsburg Publishing House, 1968).

가리키고 있는지도 분명하지 않다. 이와 달리 '복음'은 가리키는 바가 분명하다. 복음은 이스라엘의 예수에 관한 이야기, 거기에 담긴 구원의 약속을 분명하게 전하는 이야기다.

율법과 복음을 구별해야 한다는 말은 '행위가 아닌 믿음으로 의롭게 된다'는 교리의 자연스러운 결론이다. 복음은 믿음을 빚어내고, 율법은 행위를 요구한다. 행위와 믿음이 서로 다르듯 율법과 복음도 서로 다르다. '행위가 아닌 믿음으로 의롭게 된다'는 표어와 '율법과 복음을 구별해야 한다'는 표어는 대부분의 경우 같은 의미로 쓰였다. 그렇기에 1장과 2장에서 다룬 적절한 사용과 오용의 사례를 여기서도 거의 그대로 들 수 있다. 용어만 조금 바꾸면 된다.

물론 율법과 복음을 구별해야 한다는 명령은 우리가 행위가 아닌 믿음으로 의롭게 된다는 주장과 다른 점도 있다. 종교개혁 시기 표어가 맡은 역할의 측면에서 그러하다. 당시 '율법과 복음의 구별'은 설교와 성서 주석의 규칙으로 기능했다. 루터는 종종 성서를 읽으며 "이 구절은 율법이지 복음이 아니다. 그러므로 ..."라는 식으로 각 구절을 구분했고, 신앙생활에서 어떻게 기능하는지 표시하곤 했다. 그의 몇몇 설교를 보면 율법에서 복음으로 넘어가는 전환을 뚜렷하게 확인할 수 있다.

'율법과 복음의 적절한 구별'을 이렇게 성서 해석 방법으로 활용하면 분명 유익한 점이 있다. 설교자는 설교를 준비하는 중에 멈춰 서서 스스로 물어야 한다. '나는 정말 하느님의 율법을 그 엄격함 그대로 선포하고 있는가? 예수 그리스도의 이야기를 복음으로, 청중을 하느님에게서 멀어지게 하는 단절과 소외를 하느님께서 극복하셨으며 승리를 거두셨다는 약속으로 전하는가? 율법과 복음을 흐릿하게 만들지 않으면서도 둘 사이의 전환(혹은 전환들)을 효과적으로 전달하고 있는가?' 성서학자들도 같은 원칙을 적용해 본문이 독자의 삶에 어떤 영향을 미치려 하는지, 무엇을 요구하고 무엇을 약속하는지 탐구하는 것을 자신의 목표로 삼을 수 있다. 그러나 이러한 작업은 매우 기계적인 방식으로 적용될 수도 있다. 성경의 모든 구절을 (루터가 종종 그랬듯) 무조건 율법 아니면 복음이라고만 정해 놓을 수 있을까? 때와 맥락에 따라 다르게 읽힐 수 있지 않을까? 구약성서에서 하느님께서 율법을 주신 것을 두고 생명의 약속, 달리 말해 일종의 복음으로 찬미하는 것은 어떻게 이해해야 하는가?

율법과 복음의 구별은 루터교의 전형적인 설교 공식('먼저 율법, 그다음에 복음')을 만들어냈다. 독창적이고 탁월한 설교자가 아닌 한, 안타깝게도 이 공식은 설교자들이 어떤 본문을 다루든 똑같은 설교를 하게 만들었다. 20분 동안 율법에 따른 심판을 이야기하다 마지막에 "그럼에도 불구하고, 그리스도께서 여러분을 위해 죽으셨습니다. 여러분의 죄는 용서받았습니다"라는 말로 마무리되는 설교 말이다.

좀 더 중요한 사실은 '율법과 복음의 구별'이라는 표어의 형식이 칭의 교리와는 다른 방식으로 적절한 사용과 오용을 낳을 수 있다는 점이다. 율법과 복음을 구별해야 한다는 표어는 쉽게 보면 하나의 담론 안에서 서로 배타적인 두 진술을 놓고 둘 중 하나를 고르라는 식으로 읽힌다(믿음과 행위는 그런 식의 단순한 양자택일 구조가 아니다). 20세기 신학에서 나온 표현을 빌리면 모든 '말씀-사건'word-event은 율법이거나 복음이지 둘 다일 수는 없다는 것이다. '말씀-사건'이라는 개념은 20세기 중반, 루돌프 불트만Rudolf Bultmann의 일부 제자들이 정교하게 발전시켰다(이들이 이렇게 한 이유 중 하나는 바로 이 표어를 설명하기 위해서였다).[2] 한편 모든 발화는 사건이다. 기차 사고나 입맞춤이 그러하듯 세상에 실제로 일어나며 세계 안에 어떤 차이를 만들어낸다. 또 다른 측면에서 (이 부분을 사

---

[2] 게르하르트 에벨링Gerhard Ebeling과 에른스트 푹스Ernst Fuchs가 대표적이다. 다음을 참조하라. Gerhard Ebeling, *God and Word* (Minneapolis: Fortress Press, 1967). Ernst Fuchs, *Hermeneutik* (Bad Cannstatt: Müllerschön 1954). 두 사상가로부터 큰 도움을 받았음을 밝힌다.

람들은 종종 간과하는데) 모든 사건은 무언가를 말한다. 사건은 언제나 언어의 그물망 안에서 일어나고, 동시에 그 언어의 그물망을 변형시킨다. 이 그물망 없이 사건은 사건으로 성립할 수 없다. 게다가 어떤 사건들은 이전에는 표현되지 않았던 실재, 혹은 현실의 어떤 측면을 '말'로 드러내기도 한다. 이 신학 전통에 따르면 예수라는 사건이 바로 그런 경우였다. 이 사건 덕분에 이전에는 언어로 표현할 수 없었던 '구원의 믿음'이 세상 속에서 말로 드러났다는 것이다.

여기에는 분명 실제와 현실에 대한 특정한 관점, 즉 존재론이 담겨 있다. 이 관점에 따르면 현실은 서로의 말을 주고받는 가운데 구성된다. (이 존재론뿐만 아니라 다른 모든 존재론을 포함한) 존재론이 신학에서 어떤 역할을 하느냐는 문제는 교계에서 늘 논란이 되곤 했으며 종교개혁 이래 형성된 교회에서는 더욱 그랬다. 신학에는 존재와 그 변화 가능성을 포괄하는 그림과 전망이 필요한가? 그렇다면 신학은 기존에 있는 존재론을 빌려와야 하는가? 아니면 적절하게 사용할 수 있는 존재론을 찾아야 하는가? 그렇다면 어떤 존재론을 선택해야 하는가? 아니면 신학은 이미 특정한 존재론을 품고 있어서 때때로 이를 더 분명하게 드러내야 하는 것인가?

나는 마지막 입장이 옳다고 본다. 모든 강력한 사상 체계는 드러나든 드러나지 않든 존재론을 전제하지 않고서는 이루어질 수 없다. 그리고 '말씀-사건'이 정말로 새로운 의미를 드러낸다면, 우리는 기존에 가지고 있던 형이상학을 그대로 두어서는 안 되며 그에 걸맞게 다시 수정해야 한다. 대다수 20세기 독일 신학자는 복음이 어떤 철학 체계에도 기대지 않아야 한다고 주장했다. 그러나 복음이 실재와 현실을 보는 새로운 틀을 만들어낸다면, 우리는 그 틀이 어떤 모습인지 분별하는 지적 도전을 회피하지 말고 기꺼이 받아들여야 한다.[3] 여기까지는 괜찮다. 신학은 언제나 형이상학이며 '말씀-사건'이라는 개념은 그리스도교 형이상학에서 중요한 위상을 지닐 수 있다. 하지만 신학사에서 이러한 논의가 두 단계 더 나아가면 깊은 수렁에 빠지곤 했다. 첫 번째 단계는 불트만 학파처럼 율법과 복음을 절대적으로 구별하고, 이를 '말씀-사건'의 존재론과 결합하는 것이다. 이렇게 되면 결국 모든 현실이 율법이거나 복음 둘 중 하나라고 말하는 형이상학이 만들어지게 된다. 이 관점에서는 세상에서 일어나는 모든 말과 행동이 우리를 옭아매거나 해방하거나 둘 중 하나

---

[3] 20세기에 이 흐름을 처음 열어젖힌 인물은 칼 바르트였다. 그의 글을 직접 읽지 않고 그를 비판하는 이들에게는 다소 뜻밖으로 들릴 수도 있겠지만 말이다.

다. 이게 과연 올바른 이야기일까? 이렇게 되면 우리는 실제 복음, 이스라엘의 예수에 관한 이야기에서 너무 멀어지는 게 아닐까? 이런 사변에서 '복음'은 성서 이야기가 아닌, 추상적이고 일반적인 개념으로 변해버린 것이 아닐까? 즉 율법과 복음의 구별이라는 표어가 실제 성서 이야기와 연결고리를 잃어버릴 위험에 빠진 건 아닐까?

두 번째 단계로 가면 문제는 더 심각해진다. 이를 설명하려면 '율법과 복음의 구별'이라는 표어와 자주 함께 쓰이는 또 다른 표어를 언급해야 한다.

> 율법은 죽이고, 복음은 살린다.

이 표어에 따르면 율법은 듣는 이의 삶을 멈추며 더는 계속될 수 없다는 불가능을 마주하게 하는 반면, 복음은 새로운 삶을, 생명을 열어젖힌다. 이 표어는 매력이 있고, 강렬하고, 특정 맥락에서는 설득력이 있다. 예를 들어 "네 이웃의 것을 ... 탐내지 말라"는 명령 앞에서 어떻게 삶을 살아야 할까 머뭇거리지 않는 이가 있을까? 이 세상에서 무언가를 탐하지 않고 어떻게 살아갈 수 있을까? 우리가 지금껏 살아온 삶, 그리고 앞으로 살아갈 삶은 결코 이기적인 욕망에서 완전히 벗어날 수 없다. 저 계명을 따르려면 경제 활동을 완전히 그만두어야 하는데, 이는 탁발 수도회도 해내지 못했다. 저 명령이 진실로 '나'의 존재를 거머쥔 창조주의 말씀이라면, 나는 정말 죽은 것과 다름없으며 다른 삶으로의 부활 말고는 미래가 없다.

그러나 정작 루터가 이런 표어를 따르지 않았다는 사실은 주목할 만하다. 실제 역사에서 세상의 문제들과 관련해 이런저런 요청을 받아 율법을 적용해야 했을 때 율법은 단순히 삶을 끝내는 것이 아니라 오히려 삶을 지탱하는 것이었다. 그는 우리가 죽음과도 같은 끔찍한 본성의 상태에서 벗어날 수 있는 이유는 하느님께서 다양한 방식으로 율법을 들려주시기 때문이라고 생각했다.[4] 지금까지 살펴보았듯 루터의 교리문답과 설교, 가르침에서 성서의 율법은 복음으로 말미암아 순종할 수 있게 된 사람들을 위한 자비로운 길잡이로 묘사된다.[5] 그럼에도 일부 루터교 신자들은 '율법과 복음의 구별'과 '율법은 죽이고 복음은 살린다'라는 두 표어를 사용하여 하느님의 말씀 아래 놓인 삶을 죽음과 새로운 삶 사이

---

4 즉, 이건 우리가 자율적으로 맺은 사회계약의 결과가 아니다.
5 사실 이런 관찰들에서 스콜라 신학이 말하는 '제2의 율법 혹은 율법의 제2용법' 교리가 나왔다.

의 끊임없는 변증법으로, 곧 율법이 사람을 죽이고, 복음이 살리고, 또 죽이고, 다시 살리는 끊임없는 순환으로 보았다 (특히 미국의 루터교 신자들이 그런 경향이 강하다). 현실이 율법이거나 복음 둘 중 하나뿐이고, 율법은 오직 죽이고 복음은 오직 살린다고만 한다면 그 사이 공간, 신뢰와 순종으로 살아가는 일상의 공간이 사라져 버리게 된다.

이런 존재론은 잘못되었다. 그리스도께서는 단순히 죽고 다시 살아나시지 않았다. 이 땅에서 살아가시는 동안 그분은 가르치시고 치유하셨으며 지금, 여기의 삶 가운데 사람들을 제자로 부르셨다. 게다가 그분의 십자가 죽음과 부활 사이에는 이틀이라는 기간이 있었다. 십자가와 부활은 그저 변증법을 이루는 개념이 아니라 실제 역사, 시간의 흐름을 지닌 사건이다. 부활하신 주님은 역사를 살아내는 교회를 다스리신다. 하느님의 구원 활동은 시간을 무너뜨리지 않는다. 오히려 시간을 빚어내고 시간을 받아들인다.

VI
십자가의 신학

> 피조물을 통해 하느님을 안 사람, 그 하나님의 보이지 않는 모습을 보게 된 이는 신학자라고 불릴 자격이 없다. 오히려 고난과 십자가를 통해 하느님을 본 사람, 그 수치스럽고 낮아진 하느님의 뒷모습을 알게 된 이만이 신학자라 불릴 자격이 있다.[1]

이번 장은 루터의 이 말로 시작해야 한다. 1518년 하이델베르크 논쟁에서 루터가 제시한 19번, 20번 명제가 훗날 등장하는 모든 '십자가의 신학'theology of the cross 논의의 출발점

---

1 WA 31:32-33. 내가 번역한 것이다.

이 되기 때문이다. '십자가의 신학'이라는 표현은 바로 이어지는 명제에 등장하는데, 루터는 자신이 옳다고 여기는 신학의 방식을 '십자가의 신학'이라고 불렀다. 반대로 잘못된 방식에는 '영광의 신학'theology of glory라는 이름을 붙였다. 이 장의 분량은 그리 많지 않을 것이다. '십자가의 신학'을 여기저기서 남용하고 있기는 하지만, 그 방식이 너무 단조롭고 조잡해 간단히 짚고 넘어가는 것으로도 충분하다고 생각한다.

'십자가의 신학'은 지금까지 다룬 표어들과는 다르게 기능한다. 이 표어는 단순한 표어가 아니라 루터가 제시한 신학 전체의 길잡이 역할을 한다.[2] 물론 여기에도 이미 오용의 위험은 있다. 독일의 일부 '루터 연구자들'처럼 신학은 무조건 루터의 행적을 재현해야 한다고 주장할 수 있기 때문이다. 이런 태도는 일종의 루터 근본주의Luther-fundamentalism가 될 수 있다. 이를 피하기 위해서는 오늘날 신학 작업을 할 때 루터의 '십자가의 신학' 중 유익하게 받아들일 수 있는 요소가 무엇인지 비판적으로 살펴보아야 한다.

19, 20번 명제는 수사와 논리 모두 우아하다. 어쩌면 지나

---

[2] 루터의 십자가의 신학에 대한 획기적인 연구로는 다음을 들 수 있다. Walther von Loewenich, *Luther's Theology of the Cross* (Minneapolis: Fortress Press, 1976).

치게 우아한지도 모르겠다. 그렇다 해도 두 명제의 핵심을 파악하려면 그 정교한 구조를 따라가야 한다.

> 피조물을 통해 하느님을 **안** 사람, 그 하느님의 보이지 않는 모습을 **보게 된** 이는 신학자라고 불릴 자격이 없다. 오히려 고난과 십자가를 통해 하느님을 **본** 사람, 그 수치스럽고 낮아진 하느님의 뒷모습을 **알게 된** 이만이 신학자라 불릴 자격이 있다.

여기서 루터는 교차대구법을 썼다. 즉 '본다'와 '안다'는 동사가 두 문장에서 서로 자리를 바꾼 채 배치되어 있다. 그리고 이 위에 그는 또 다른 구조를 겹쳐 놓았다. 하나는 보이는 것과 보이지 않는 것의 대조, 또 다른 하나는 "...를 통해"per 라는 구절이 만들어내는 대조다.[3] 라틴어 원문을 보면 이 구조를 좀 더 선명하게 볼 수 있다.

> Ille non digne theologus dicitur qui **invisibilia** dei per ea quae facta sunt **intellecta** conspecit... sed qui **visibilia** et posteriora

---

3 "...의 방식으로"라고 번역할 수도 있다.

십자가의 신학 | 65

dei per passiones et crucem **conspecta** intelligit.

    어느 언어로 읽든 이 명제들이 어떻게 작동하는지 보일 때까지 곰곰이 생각해 보기를 바란다(내 경험으로는 시간이 좀 걸렸다). 일단 너무 단순할지 모르지만 위 명제들을 요약해보면 이렇다. 잘못된 신학은 피조물을 두고 사변을 한다. 반면 참된 신학은 "고난과 십자가"를 봄으로써 시작된다. 잘못된 신학의 목표는 영광스러우나 끝끝내 보이지 않는 하느님을 바라보는 것이다. 반면 참된 신학의 목표는 계시 가운데 드러나는 하느님의 모습, 보이지만 불편하고 거슬리는 바로 그 모습이 하느님의 실제 모습임을 아는 데 있다.

    이러한 면에서 루터가 가장 분명하게 거부한 신학은 훗날 '자연 신학'natural theology이라고 불린 신학, 곧 피조물의 존재와 특징에서 하느님의 실재를 추론하는 신학이다.[4] 특히 그 중심 목표가 하느님에 대한 '초자연적인' 앎을 (이 세상에서든 내세에서든) 얻는 것일 경우 루터는 이를 단호하게 거부했다.[5]

    그러나 우리는 그리스도 또한 피조물이라는 사실을 기억

---

4 토마스 아퀴나스에 따르면 이러한 신학은 잘못되지 않았다.
5 이는 내가 상당히 공감하고 있는 앙리 드 뤼박Henri de Lubac과 여러 '신新신학자들'이 견지하는 토마스주의도 마찬가지다.

해야 한다. 따라서 겉보기에는 그리스도에 중심을 둔 신학도 루터의 정죄를 받을 수 있다. 위 명제들을 통해 루터가 문제 삼은 건 신학의 방향이었다. 그가 보기에 중세 신학은 지성을 사용해 영적으로 상승하려는 데 지나치게 무게가 기울어져 있었다. 물론 이런 비판이 루터가 염두에 둔 신학자들에게 실제로 들어맞는지 의심스러운 부분이 있다. 그러나 더 길게 따지지는 말자. 여기서 집중하려는 건 루터가 말한 참된 신학에서 비롯된 표어(십자가의 신학)이기 때문이다. 그에 따르면 올바른 신학은 지복직관beatific vision을 지향하지 않는다(물론 루터 역시 올바른 신앙은 결국 지복직관을 포함하는 신화 deification로 끝난다고 보기는 했지만 말이다). 올바른 신학은 철저하게 이 땅에서의 이해로 멈춘다. 즉, 참된 신학은 하느님께서 오직 이 현실 속 고난, 시간 속 십자가에서만 우리에게 실재로 다가오신다는 사실을 받아들인다. 그러한 면에서 신학의 목표는 우리가 경험하는 고난과 십자가가 '우리를 위한 하느님'의 보이는 현실, 실재임을 아는 것이라고 본다. 이 점에서 루터의 십자가의 신학은 일종의 순환 구조를 지닌다. 참된 신학은 아무런 진보도 이루지 않는다. 오직 십자가에 고난받는 그리스도라는 믿기 어렵고 충격적이고 불쾌하기까지 한 대상이 바로 하느님이며, 그 비천한 모습이야말로 그분이 친히 우리에게 자신을 드러낸 모습임을 점점 더 분명히 깨달을 뿐이다.

그러므로 '십자가의 신학'이라는 표어를 올바르게 쓰는 방식은 분명하다. 첫 번째 방식은 신학이 영적으로 무엇을 해낼 수 있는지 과도한 주장을 하지 않게 하는 것이다. 물론 신학은 고귀하고 고된 작업이며 구원하게 하는 말씀에 우리가 참여하도록 (어느 정도) 돕는다. 이를 부정할 필요는 없다. 그러나 모든 단계에서 하느님에 대한 우리의 앎은 그분의 주도로, 그분의 성취로 이루어지며 우리의 신학으로는 (그리고 다른 어떤 경건한 행위로도) 이룰 수 없다. 전통적인 신학이 보이는, 끊임없이 '위로 향하는' 경향에는 미묘한 펠라기우스주의가 작동하고 있으며 루터는 이를 간파했다. 문제는 어떻게 해야 이 길을 피할 수 있느냐는 것이다. 십자가의 신학을 추구하면 이 길을 피할 수 있을까? 루터와 거의 같은 통찰에 이르렀던 칼 바르트Karl Barth는 그럴 수 없다고 보았고, 그저 회개할 수밖에 없다고 생각했다.

십자가의 신학이라는 표어를 올바르게 쓰는 또 다른 사례는 그리스도의 고난과 십자가를 뚫고 그 뒤에 숨은 면모, 어떤 영광스러운 면모를 보려는 모든 시도를 금하는 것이다. 그러나 여기서도 주의해야 할 점이 있다. 십자가 사건을 넘어 우리에게 보이게 되는 하느님의 영광이 분명 있다. 바로 십자가에 달리신 이의 부활이다. 그러나 올바른 신학 방식에 대한 루터의 설명에서 부활은 아무런 역할을 하지 못한다. 이런 누락은 과거, 그리고 오늘날 수많은 탁월한 신학 기획에서도 흔히 나타나는 문제다. 그러나 루터에게서조차 그런 문제를 발견할 수 있다고 해서 문제의 심각함이 줄어들지는 않는다. 분명 십자가 너머를 보려는 시도 역시 문제가 있고 '십자가의 신학'은 이를 올바르게 비판하고 있다. 그리고 신학을 할 때 부활을 합당한 자리에 놓는 문제는 또 다른 차원의 문제다. 부활은 십자가 '뒤에서' 빛나지 않는다. 부활은 십자가의 완성, 십자가 이야기가 마침내 도달하게 되는 결론이다.

'십자가의 신학'이라는 표어를 가장 적절하고 올바르게 이용하는 방식은 이 표어를 바탕으로 하느님이 자신을 드러내시는 방식을 새롭게 이해하려 분투하는 것이다. 모든 서방 신학은 그리스도의 고난과 죽음을 감추어진 하느님이 어떤 분인지 엿볼 수 있게 해주는 단서로 여겼다. 그러나 루터는 저 사건들이 단서가 아니라 우리 가운데, 우리를 위해 하느님께서 오신 사건 그 자체라고 말한다. 모든 정통 신학은 하느님께서 자신을 드러내실 때조차 여전히 감추어진 면이 있다고 말한다. 하지만 루터는 한 걸음 더 나아가, 계시가 오히려 하느님을 감춘다고 말한다. 뒤집어 말하면, 그리스도의 수난과 죽음 속에 있는 하느님의 감추어진 모습이야말로 하느님의 계시 그 자체다. 전통 그리스도교 신학은 하느님과 인간 사이에 존재의 거리가 너무 멀어 그분이 감추어져 있다고, 그래서 우리는 그 너머를 기웃거려야 한다고 말하는 경향이 있다. 그러나 루터는 우리가 하느님을 보지 못하는 이유는 그런 아득한 거리 때문이 아니라고, 오히려 하느님이 우리 눈앞, 너무도 가까운 자리에 자신을 드러내며 다가오시기 때문이라고 말했다.

그렇다면 이 표어를 오용하는 경우로는 어떤 경우가 있을까? 가장 흔한 예는 '십자가의 신학'이라는 말이 맥락에서 떨어져 나와 단순한 표어로만 쓰이는 경우다. 이렇게 할 경우 누구의 고난과 십자가가 중심이 되어야 하는지가 불분명해진다. 루터의 신학에서 '십자가의 신학'이 누구의 고난과 십자가를 말하는지는 혼동의 여지가 없다.[6] 그리스도의 고난과 실제 십자가가 먼저이고 출발점이며 우리의 고난과 우리

---

6 이 표어를 루터의 '사랑의 신학' 속에서 이해하고 싶다면, 다음을 참조하라. Tuomo Mannermaa, *Two Kinds of Love: Martin Luther's Religious World* (Minneapolis: Fortress Press, 2010).

의 십자가는 그다음이다. 그리고 우리의 고난과 십자가가 의미를 갖는 건 우리가 그리스도 안에 있고 그분이 우리 안에 있기 때문이다. 이 분명한 구별, 순서가 잠시라도 잊히거나 흐려지는 순간 신학은 곧바로 피해자 신학으로, '내 고난이 곧 십자가'라는 식으로 변질된다. 초점이 흐려지면 사람들은 자기 경험, '나'의 고난이나 내 집단(계급, 민족, 성별)이 겪는 고난을 신학의 중심에 가져다 놓곤 한다. 물론 그렇게 형성된 이념들이 믿음의 색깔을 어느 정도 간직하고 있을 수도 있지만 말이다.

VII

오직...

'오직'sola이라는 말로 시작하는 세 문구가 있다. '오직 은총'sola gratia, '오직 믿음'sola fide, '오직 성서'sola scriptura. 이 세 문구는 종종 하나의 표어처럼 묶여 종교개혁의 핵심을 요약하는 말로 쓰인다. 실제로 이 문구들은 종교개혁의 주요 주제들을 꽤 많이 담아내고 있다. 하지만 '오직'이라는 말이 반복된다는 이유만으로 세 문구가 같은 논리를 공유한다고 생각해서는 안 된다(어떤 면에서는 세 문구를 하나의 묶음으로 쓰는 것 자체가 오용이라 할 수도 있다). 이 표어들을 올바로 쓰기 위해서는 먼저 이들을 하나로 묶지 말고 따로 다루어야 한다. 저 세 문구에서 '오직'이라는 말은 어떤 역할을 하는가? 종교개혁 신학에서 은총과 믿음은 모두 우리를 의롭게 하므로 둘은 서로 연결된다고 할 수 있다. 하지만 성서 그 자체나 성서의 내용을 믿는다고 의롭게 되지는 않는다(이 부분에 대해서는 뒤에서 따로 다룰 것이다). 그러므로 '오직 성서'는 다른 두 표어와는 전혀 다른 맥락에 속하며, 그 중요성과 여러 쟁점을 고려할 때 별도로 다루어야 한다. 하지만 또 다른 차원에서는 '오직 은총'과 '오직 믿음'도 구분해야 한다. '오직 은총'이라는 표어는 '은총'이라는 개념을 도입하는데, 이 개념은 우리가 다루는 다른 표어들과는 전혀 다른 신학 틀에 속해있다. 반면 '오직 믿음'은 앞에서 다룬 '우리는 행위가 아닌 믿음으로 의롭게 되었다'라는 표어의 변형일 뿐이다. 그러므로 이 장에서는 '오직 은총'을 집중해서 살펴보려 한다.

그렇다면 '은총'이란 무엇인가? 멜란히톤은 성서의 용례 phrasin scripturae를 따른다고 주장하면서 은총을 '하느님의 호의'The favor of God로 정의했고, 더 넓은 의미로 이 말을 쓰는 것은 오류라고 강력하게 비난했다.[1] 이후 멜란히톤의 정의와 다른 견해에 대한 그의 논박은 루터교 전통에서 사실상 교리에 가까운 역할을 했다. 실제로 성서에서 (중세 라틴어 성서는 '그라티아'gratia로 번역한 경우가 많으며 오늘날 우리가 쓰는 은총

---

1 *Loci communes* (1521), *de Gratia*, 『신학총론』(CH북스).

grace의 어원이라 할 수 있는) 그리스어 '카리스'Χάρις는 하느님께서 우리에게 갖는 호의를 뜻하는 경우가 많다.

하지만 '카리스'가 분명히 다른 의미로 쓰인 성서 구절들도 쉽게 찾아볼 수 있다. 이때 '카리스'는 '은사'charisma를 뜻하는 '카리스마'χάρισμα, 혹은 '선물'gift을 뜻하는 '도레아'δωρεά와 동의어 내지는 유의어로 쓰였다(이 경우들에서도 라틴어 성서는 '그라티아'gratia로 옮겼다). 이를테면 로마인들에게 보낸 편지 1장 5절에서 바울은 '카리스'를 사도직과 더불어 그가 받은 무언가로 이야기한다. 또한 요한복음서 1장 16절을 생각해보라.

> 우리는 모두 그의 충만함에서 선물을 받되, 은총에 은총을 더하여χάριν ἀντὶ χάριτος 받았다. (요한 1:16)

여기서 은총은 하느님께 받은 것으로 어떤 방식으로든 신자가 소유할 수 있으며, 심지어는 더하고 쌓을 수도 있다. 이러한 성서의 용례는 고대의 수많은 기도문에, 그리고 루터의 기도문에도 등장한다. "주여, 우리에게 은총을 주시어 우리가..."라는 식으로 말이다.

이렇게 보면 성서의 용례에서 벗어난 쪽은 오히려 멜란히톤이라 할 수 있다. 그는 은총이 "하느님께서 베푸시는 호의일 뿐만 아니라, 그분께서 주시는 어떤 구체적인 선물"을 뜻하기도 한다는 토마스 아퀴나스Thomas Aquinas의 가르침을 비판했다.[2] 그러나 성서에서 '카리스'가 쓰이는 방식(마치 하나의 표어처럼 널리 쓰이는 방식)을 생각하면 멜란히톤보다는 아퀴나스의 가르침이 더 잘 들어맞는다.

신약성서에서 '은총'을 쓰는 주된 방식은 1장에서 이미 예로 들었듯 요한계 문서에서 사랑을 쓰는 방식과 비슷하다. '하느님은 사랑이시다'라는 말은 하느님과 그분의 백성 사이에서 일어난 모든 사랑의 이야기를 한마디로 압축해 보여준다. 마찬가지로 신약성서에서 '은총'이라는 말은 하느님께서 우리에게 주시는 모든 선물과 호의를 두루 가리키는 표현이다. 상황마다 다르게 드러나는 그분의 호의와, 그분께서 주시는 여러 가지 선물이 모두 이 단어에 담겨 있다.

물론 중세 교회에서 '은총'이라는 말을 사용하는 방식에는 이의를 제기할 수 있다. 성서는 은총을 하느님께서 당신의 백성 전체와 맺는 커다란 이야기 속에서 이야기했지만, 스콜라 신학은 이를 바꾸어 한 신자의 내면 상태와 영적 경험을

---

2 Thomas Aquinas, *Quaestiones de veritate*, 27, 1.

설명하는 말로 쓰곤 했다. 또한 (어떤 때는 장점이 되기도 했지만) 분류에 집착한 나머지 '은총'을 지나치게 세세한 종류로 나누어 추상적인 개념으로 만들어 버렸다. 이렇게 두 가지 측면에서 중세 신학은 은총이라는 말을 성서에 담긴 포괄적인 의미로부터 떨어뜨려 놓았다. 은총을 단 하나의 의미로 정의했다는 점에서 멜란히톤도 이 흐름에 있다고 할 수 있다. 그에 따르면 은총이란 하느님께서 우리를 향해 품고 있는 호의일 뿐 그 이상도 이하도 아니다. 멜란히톤이 이렇게 한 이유는 신학 체계의 일관성을 지키기 위해서였다. 신학에서 일관성은 꼭 필요한 덕목이지만 집착하면 위험해질 수 있다. 칭의를 하늘 법정에서 선포하는 재판장의 판결로만 본다면 그 일을 가능케 하는 은총도 오직 그곳에만 머무르게 된다. 즉, 판결을 내리는 재판관의 태도로만 이해되는 것이다. 멜란히톤이 이 문제에 대해 (그답지 않게) 강하게 주장했던 이유는 칭의와 마찬가지로 '은총'을 법의 차원에서 이해했기 때문이다. 더 넓은 의미의 '은총'이 은총에 대한 이러한 시각을 위협한다고 멜란히톤은 생각했을 것이다(이에 관해서는 3장을 보라).

하지만 성서의 몇몇 본문은 은총을 더 잘 이해할 수 있는 길을 열어준다. 이를테면 고린토인들에게 보낸 첫째 편지를 보자.

> 나는 여러분이 그리스도 예수 안에서 받은 하느님의 은총을 생각하고, 여러분의 일로 언제나 하느님께 감사를 드립니다. (1고린 1:4)

여기서 "은총"은 분명 하느님의 호의를 가리킨다. 하지만 동시에 고린토 교인들은 이 은총을 실제로 받았으며 바울은 이를 분명히 볼 수 있다. 즉, 여기서 바울은 사람들을 향한 하느님의 태도와 그러한 그분의 태도 덕분에 사람들 안에서 빚어지는 결과물을 구분하지 않는다. 이 구절은 바울 서신을 읽을 때 그런 구분 자체가 적절하지 않음을 보여주는 단서라 할 수 있다.

바울이 자기 자신과 공동체에서 '은총'을 하나의 전체로 경험했듯 우리도 '은총'을 하나의 전체로 이해해야 한다. 은총은 하느님께서 우리를 향해 품고 계신 호의임과 동시에 신자에게 실제로 주시는 선물이다. 루터는 말했다.

> 하느님의 은총과 그분께서 주시는 선물은 같다 Gratia Dei et donum idem sunt.[3]

---

[3] WA 56, 318, 28.

그렇다면 어떻게 둘이 같을 수 있을까? 이는 은총, 즉 그분께서 주시는 선물이 다름 아닌 하느님 자신일 때만 가능하다. 그리고 이와 관련해서는 멜란히톤이 기여한 바가 있다. 그는 특정한 맥락에서 (서방 전통에 정면으로 반기를 들며) 하느님의 선물을 가져오는 성령과 그 성령이 주는 선물을 구분하지 않았다. 그는 말했다.

> 선물은 성령 그 자체다. 성령의 열매는 믿음, 소망, 사랑과 그 밖의 덕들이다Donum ipse spiritus sanctus... Fructus spiritus sancti fides, spes, caritas et reliquae virtutes.[4]

칭의 교리에 대한 법적 이해에 집착하지 않았다면, 그래서 성서에는 없는 방식으로 은총과 은총의 선물을 억지로 구분하지 않았다면 멜란히톤은 루터와 더 온전히 한마음이 될 수 있었을 것이다.

이제 '오직 은총'이라는 말의 올바른 사용법에 대해 이야기할 수 있다. 은총이란 하느님께서 우리에게 당신 자신을 내어주시는 호의다. 그리고 이 표어를 이런 의미로 새기

---

[4] *Loci communes, de Gratia.*

면, 정말로 이를 통해서만 구원이 이루어질 수 있음을 깨닫게 된다.

VIII

실제 현존

성찬 가운데 그리스도께서 실제로 현존하신다는 말은 모든 교회에서 널리 쓰는 표어다. 특히 루터교는 이 표어에 특별한 애정이 있는 듯하다. "주님께서는 진짜 그곳에 계십니다! 진짜, 진짜로 말입니다"라는 식이다. 어떻게 보면 '실제 현존'real presence이라는 표어는 그 자체로 모든 내용을 담고 있다. 성찬을 할 때 부활하신 예수 그리스도께서는 몸을 지니신 채 축성된 빵과 포도주에 실제로 임하신다. 하지만 다른 측면도 있다. 어쩌면 우리가 이 표어에 열광하는 이유는 외면하고 싶은 질문들을 이 표어가 슬그머니 덮어주기 때문일지도 모른다. 몇 가지 질문을 생각해보자(그리고 이 질문은 나중에 다시 돌아올 것이다). 부활하신 그리스도의 몸은 도대체 어떤 모습일까? 부활하신 그리스도의 몸이 '정말로' 몸이라면 무언가 구체적인 모습을 하고 있어야 하기 때문이다. 그렇다면 지금 어딘가에 1세기 갈릴래아 유대인처럼 보이는 인물이 실제로 존재해서 그를 예수로 확인할 수 있다는 말일까? 아니면 또 다른 무언가일까? 이 글을 읽는 이도 잠시 멈추어서 이 질문을 받았을 때 가장 먼저 떠오르는 게 무엇인지 생각해 보아도 좋다. '실제 현존'은 강조점, 문법, 의미의 맥락에 따라 다양한 방식으로 읽어낼 수 있다. 전통에 따르면 크게 두 가지 해석이 가능하다.

첫 번째 해석은 제대 위에 무엇이 놓여있든지 그리스도가 '실제로' 그곳에 계신다는 것이다. 우리는 빵과 포도주를 눈으로 보고 입으로 맛본다. 겉모습도 맛도 빵과 포도주 그대로다. 그러나 바로 이 빵과 포도주가 우리와 그분의 실제 현존을 이어주는 통로가 된다.

두 번째 해석에 따르면 성찬 시 우리 앞에 보이는 그것이 곧 그리스도다. 우리는 빵과 포도주로 몸을 입으신 그리스도를 보고 만진다.

두 가지 해석은 모두 서방 신학에서 오랜 전통을 가지고 있다. 첫 번째 해석이 좀 더 많은 지지를 받는 편이지만 오용될 가능성이 높다. 두 번째 해석은 덜 세련되어 보이고 (아마도 그래서) 이해하기 어렵지만, 오히려 그렇기 때문에 진리에 더 가깝다. 여기서는 두 가지 해석을 모두 자세히 다루어 보겠다.

첫 번째 해석은 서방 신학 전통의 위대한 교부인 아우구스티누스Augustine에게서 비롯되었다.[1] 그의 신학은 보편적인 해석 틀 속에서 전개되었다. 달리 말하면, 아우구스티누스는 피조 세계에서든 하느님께서 선택하신 백성의 역사에서든 어떻게 하느님의 뜻을 읽어낼 수 있는지 설명하려 했다. 여기서 그는 자기 자신이 아니라 다른 무언가를 가리키는 '기호'('시그나'signa)를 말했다. 각 기호는 가리키는 대상이 있는데, 아우구스티누스는 이를 '레스'res라고 불렀다. 이 '레스'라는 말은 번역하기 무척 어려운 말이다. 문자 그대로 번역하면 '사물'thing에 가깝지만 오해를 낳기 쉽다. 가장 간단한 예를 들면 '그 소는 갈색이다'라는 문장에서 '소'라는 단어는 기호이며 실제 소가 레스다. 그런데 맥락이 달라지면 어떤 기

---

[1] 20세기 후반에는 아우구스티누스를 비판하는 흐름이 한 차례 있었고 나도 이 흐름에 동참했다. 그리고 이내 격렬한 반동의 흐름이 뒤따랐다. 하지만 내가 여기서 제시한 비판이 논란거리가 될 것 같지는 않다. 그리고 이 비판이나 내가 과거에 했던 더 논쟁적인 비판들은 모두 이 위대한 사상가에 대한 경외심에서 비롯되었다. 대다수 신학 주제를 다룰 때 여느 서구 신학자와 마찬가지로 나도 아우구스티누스에게 크게 의존하고 있다.

호의 '레스'가 또 다른 '레스'를 가리키는 기호가 될 수도 있다. 이를테면 소는 '만족'을 가리키는 기호가 될 수 있다. 그리고 (나중에 중요한 지점이 될 텐데) 어떤 것이 다른 무언가를 가리키려면 그 기호가 저 레스를 가리킴을 받아들이는 존재, 생각하는 존재가 있어야 한다. 그렇다면 제대에 있는 축성된 빵과 포도주는 어떻게 이해해야 할까? 성서의 성찬 제정 이야기에서는 이들이 그리스도의 몸이라고 말한다. 그러나 상 위에 실제로 보이는 것은 인간의 세포조직이 아니다. 우리가 부활한 예수의 몸을 세포조직으로만 가정한다면, 상 위에 있는 것들은 그런 세포조직이라는 의미에서의 몸으로 나타나지는 않는다. 그러므로 이 해석에서 축성된 빵과 포도주는 그리스도의 몸('레스')을 가리키는 기호('시그나')로 현존하는 그리스도의 몸이다.[2] 하느님의 말씀이 이 의미 작용을 빚어낸다. 말씀은 빵과 포도주가 부활한 그리스도의 몸이라고 약속한다. 아우구스티누스의 널리 알려진 격언을 빌려 말하

---

[2] 이러한 가능성 뒤에는 플라톤 철학의 핵심인 에이콘_eikōn_, 즉 형상에 대한 가르침이 있다. 이를테면 아프로디테를 그린 심상이 아프로디테 자체는 아니지만 그 심상을 두고 무엇이냐고 묻는다면 사람들은 아프로디테라고 답할 수 있다. 플라톤의 가르침은 바로 이런 언어 습관을 존재론의 차원에서 활용한다.

면 "말씀이 요소들에 이르면 성사$_{sacrament}$가 된다".[3]

게다가 이 요소들(빵과 포도주)에 임하는 말씀("너희를 위하여 주는 내 몸이니", "내가 흘리는 새로운 계약의 피니…")은 복음, 하느님의 말씀이다. 이 말씀은 그분의 은총에 관해 말할 뿐만 아니라 은총을 가져온다.[4] 따라서 이 약속이 울려 퍼진 빵과 포도주는 그리스도의 몸과 피를 가리킬 뿐 아니라 그 약속으로 인해 실제로 그리스도의 몸과 피를 우리에게 전달한다. 이렇게 해서 이 교리는 그리스도의 몸이 실제로 현존함을 고백하는 방향으로 전개될 수 있다. 하지만 그게 구체적으로 어떻게 참이 되는지에 대해서는 아우구스티누스의 해석 틀을 공유하는 이들 안에서도 의견이 갈린다. 이 문제에 대해서는 뒤에서 다시 다루겠다.

그렇다면 부활한 그리스도의 몸은 어떤 모습일까? 이 해석에 따르면 그 몸은 부활 후 제자들에게 나타나셨던 나자렛 예수의 모습, (좀 더 적절하게는) 변화산에서 변모된 모습일 것이다. 따라서 우리가 그분을 본다면, 그곳은 제대 위가 아니라 다른 곳일 수밖에 없다. 제대에서는 그런 모습으로 나타나지 않기 때문이다. 그렇다면 그 다른 곳은 어디일까? 전통

---

3 *In Johannem*, 80, 3.
4 보편 교회의 신앙고백에 따른 공식이다.

은 '하늘'heaven, 그분이 승천하신 곳이라고 답한다. 성서가 묘사하는 승천 사건이 (반드시 그렇다고 이야기하지는 않지만) 암시하듯 땅에서 몸이 들어 올려져 '하늘'로 들어간다는 이야기는 코페르니쿠스Copernicus 이전까지만 해도 문제가 되지 않았다. 당시 가장 권위 있는 우주론은 프톨레마이오스Ptolemy의 우주론이었다. 그는 여러 수정 껍질들이 둘러싼 동심원 형태로 우주를 묘사했다. 그중 가장 바깥쪽, 가장 숭고한 껍질이 바로 '하늘'이었고 이 우주론을 따르는 이들은 그곳을 피조 세계에 있는 하느님의 처소로 여겼다.5 영광스럽게 된 예수는 바로 이 하늘로 올라갔고, 그곳에 이르렀을 때 그분을 보게 될 것이라고 당시 사람들은 생각했다. 그러나 코페르니쿠스는 이 체계를 무너뜨렸다. 그의 우주관에는 특별히 더 영광스럽거나 덜 영광스러운 공간이 없었으며, 따라서 하느님을 위한 가장 영광스러운 영역, 성육신한 그리스도께서 하느님 오른편에 계신 곳이라는 개념도 사라져 버렸다.

한 번은 어떤 철학자가 내게 왜 부활하신 그리스도가 블랙홀 뒤에 숨어 계시면 안 되느냐고 물은 적이 있다(아마도 그

---

5 옛사람들이 지구를 우주의 중심에 두었다고 해서 (오늘날 대중 과학자들이 말하듯) 지구를 제일 중요한 곳으로 본 것은 아니다. 오히려 그들은 우주의 영광이 어둡고 둔탁한 지구에서 멀어질수록 더 커진다고 여겼다.

는 내가 부활하신 그리스도의 몸을 강조하는 걸 비꼬려 했던 것 같다). 몇몇 중세 그림은 제자들이 구름을 올려다보고 그 구름 아래에서 발 한 쌍이 내려오는 모습을 묘사하고 있다. 당시 사람들은 이를 곧이곧대로 받아들였지만, 오늘날 사람들이 이를 보면 민망해하며 웃음을 터뜨린다. 부활하신 그리스도를 지구와 연결된 공간으로서의 하늘에서 몰아낸 결과 중 하나는 위에서 언급한 해석의 지지자들조차 부활하신 그리스도를 아무 공간도 차지하지 않는 분, 곧 몸을 지니지 않은 존재로 상상하게 되었다는 것이다.

'하늘'에 관한 문제를 제쳐놓고 보면 방금 살핀 전통은 '실제 현존'에 대한 심오하면서도 설득력 있는 해석이다. 이 해석에 따르면 눈앞에 보이는 것이 무엇이든 그리스도께서 실제로 거기에 계신다. 이 사고의 기본 구조는 개혁파 신학과 가톨릭 신학 모두가 가지고 있다.[6] 그리고 둘 모두 동일한 질문을 마주하게 된다. "영광스러운 그리스도의 몸이 하늘에 있다면 (우리가 '하늘'을 어떻게 이해하든 간에) 그 몸이 어떻게 제대 위에 임할 수 있는가?"

---

6 이와 관련해서 질 래이트Jill Raitt의 탁월한 연구를 참조하라. Jill Raitt, *The Eucharistic Theology of Theodore Beza* (Pennsylvania: American Academy of Religion, 1972).

표준 가톨릭 신학에 따르면 그리스도의 몸이 '임하는' 일은 일어나지 않는다. 성찬 가운데 그리스도의 몸이 동시에 여러 곳에 현존할 수 있는 건 하느님의 특별한 활동 덕분이다. 이는 인간이 지닌 몸의 일반적인 성질과는 어긋나는 일이지만, 하느님께서는 교회에 특별히 그 일을 요청할 수 있는 권한을 주셨다. 현존하는 그리스도의 몸이 인간의 몸처럼 보이지 않느냐는 질문에도 비슷한 방식으로 답할 수 있다. 이 해석에 따르면 제대 위에 놓인 것들은 여전히 빵과 포도주처럼 보이지만, 하느님의 특별한 활동으로 이제 실체는 그리스도의 몸이다. 개혁파 신학에서는 성령께서 성찬의 요소들을 그리스도의 수난을 가리키는 상징으로, 눈에 보이고 손에 잡히는 복음의 말씀으로 사용하셔서 믿음을 빚어내신다고 본다. 이 믿음에서는 '거리'가 걸림돌이 되지 않는다. 성찬에 참여하는 이들은 하늘에 계신 그리스도와 함께 있게 된다. 겉모습도 문제가 되지 않는다. 의례라는 맥락 속에서 빵과 포도주는 곧장 그리스도의 몸과 피의 상징으로 이해되기 때문이다.

또 하나의 질문을 던져보겠다. "성찬 뒤 빵과 포도주가 남는다면 어떻게 해야 하는가?" 지금까지 설명한 개신교 틀에 따르면, 예배가 끝난 뒤 빵과 포도주를 그리스도의 몸의 상징으로 경험하지 않으면 빵과 포도주는 상징의 역할을 잃는다. 따라서 개신교인들은 편의에 따라 처리해도 된다고 여기곤 한다. 수많은 개신교회(루터교도 포함되는지는 모르겠다)에서는 남은 빵을 다시 상자에 넣고, 포도주는 하수구에 쏟아버리거나 병에 다시 부어두어 숙성시키곤 한다. 결국 모든 것이 제대를 섬기던 이들의 몫이 되는 셈이다. 성찬의 오용과 관련해 이보다 더 적절한 예를 찾기도 힘들 것이다.

이제 '실제 현존'에 대한 두 번째 해석을 살펴보겠다. 이 관점에서 그리스도의 몸은 실제로 빵과 포도주로 우리 앞에 나타난다. 그러므로 여기서는 빵, 포도주와 연결되는 또 다른 몸이 어딘가에 따로 있다고 가정할 필요가 없다. 그러면 개혁파처럼 믿음으로 확인하든, 가톨릭처럼 초자연적인 인과율로 설명하든 그런 식의 다른 몸을 상정할 필요도 없다. 하늘이 무엇이든 간에 이를 성찬의 빵 및 포도주와 떨어진 곳으로 상상할 필요도 없다.[7]

이런 해석은 서방 신학에서 이미 9세기 카롤링거 교회에서 일어난 논쟁, (둘이 이름도 비슷하고 낯설기도 한) 라드베르투

---

7 여기서 주목할 만한 사실이 하나 있다. 로마 당국이 금지했던 코페르니쿠스의 저술은 루터교 도시 뉘른베르크에서 멜란히톤의 후원으로 처음 출판되었다는 점이다.

스Radbertus와 레트람누스Retramnus의 논쟁에서 싹을 틔웠다.[8] 성찬에 관해 체계적으로 쓰인 논문을 최초로 발표한 라드베르투스는 성찬 전례의 언어를 따라 말했다. "비록 빵과 포도주를 닮았음에도 불구하고" 지금 현존하는 몸은 "다름 아닌 마리아에게서 나시고, 십자가에서 고난받으시고, 무덤에서 부활하신 분의 몸이다".[9]

아우구스티누스 해석에 좀 더 기울어 있던 일부 신학자들은 이처럼 분명한 확신을 불편하게 여겼다. 이에 당시 황제였던 카롤루스 2세 칼부스Charles the Bald[10]는 레트람누스에게 라드베르투스의 주장을 평가해달라고 요청했다. 레트람누스의 글은 꽤 정교했지만, 라드베르투스의 주장과 이를 따르던 대중의 믿음을 단호하게 거부했다. 그는 "신자들이 입으로 받아먹는 영적인 살과 마시라고 주어지는 영적인 피는 ... 십자가에 못박힌 분의 살과 피와 다르다"고 말했다. 신학 논

---

[8] 라드베르투스와 레트람누스의 논쟁은 다음의 책에서 인용했다. Friedrich Loofs, *Leitfaden zum Studium der Dogmengeschichte* (Halle a. S.: M. Niemeyer, 1953), 2:380-382.

[9] 나는 여기서 '피구라'figura를 적절히 번역해야 한다고 생각한다.

[10] 카롤링거 왕조는 자신을 콘스탄티누스와 그 뒤를 계승한 동로마 황제의 후계자로서 신앙을 수호하는 역할을 맡고 있다고 여겼다.

쟁에서나 정치 대결에서나 이긴 이는 라드베르투스였다.[11] 그리고 이는 교회에 커다란 축복이었다고 생각한다. 그는 그리스도의 부활을, 그리고 같은 맥락에서 성찬 시 부활하신 그리스도께서 임하시는 것을 '영적으로만' 돌리려는 시도를 끝끝내 거부했다. 그리고 그리스도교인은 언제나 이러한 태도가 필요하다. 우리의 개념과 전례가 부활하신 그리스도께서 몸을 지니신다는 점과 그 몸으로 제대에 임하시며 우리와 함께하신다는 이야기에서 벗어날 때마다 라드베르투스의 가르침이 우리를 붙잡아 세운다(심지어 그의 이름을 들어보지 못했다 하더라도 말이다).

현대의 용어로 표현하자면 라드베르투스의 입장은 이렇게 정리할 수 있다. '이것은 그리스도의 몸이다'라는 명제는 동일성의 진술이다. 여기서 '이것'은 눈으로 보고 손으로 만질 수 있는 실제 몸, 곧 제대 위의 빵과 포도주를 가리킨다. 그리고 '그리스도의 몸'은 팔레스타인 땅을 걸으셨고 부활 뒤 승천하신, 눈에 보이고 손으로 만질 수 있는 몸을 뜻한다. 몇 년 전 어느 신학 블로거는 라드베르투스의 말을 액면 그

---

11 이 승리는 한 세기가 지나서 레트람누스와 비슷한 가르침을 전했던 투르의 베렝가리우스 Berengar of Tours가 "저는 베렝가리우스입니다..."라는 말로 시작하는 고백으로 자신의 가르침을 (강제로) 철회하면서 확정되었다.

대로 거칠게 받아들여 이렇게 요약했다.

> 누군가 지금 그리스도의 몸이 어떤 모습을 하고 있냐고 묻는다면 우리는 이렇게 답해야 한다. "그리스도의 몸은 바로 저 제대 위에 놓인 빵과 포도주의 모습을 하고 있습니다."[12]

물론 그리스도의 몸이 빵, 포도주와 동일하다고 말하려면 지금까지 받아들인 형이상학을 어느 정도 수정해야 한다. "이 빵과 포도주는 역사적 예수 및 부활하신 예수의 몸과 동일하다"는 주장이 참일 수 있다면, 과연 '몸'이란 무엇인가?[13] 저 명제가 참이라면 '시간'과 '공간'이란 또 무엇인가? 그리고 '하늘'이란 무엇인가? 지금까지의 형이상학을 성서의 진리에 맞추어 새롭게 고치지 말아야 할 특별한 이유가 있는가?

내 생각에 루터교 신학이 이룬 가장 커다란 지적 업적은 16세기와 17세기부터 이런 질문을 정면으로 다루기 시작했다는 사실이다. 당시 루터교 신학자들은 신학자들이 흔히 하듯 철학 체계에 맞추어 신앙을 조정하지 않았으며, 그리스도

---

12 The Pontificator. 지금은 활동하지 않는다.
13 내가 쓴 조직신학에서 나름대로 답하고자 노력했다. Robert W. Jenson, *Systematic Theology* 1:201-206.

교 성사에서 이루어지는 고백을 바탕으로 형성된 존재론을 세우려 했다. 실제로 강력한 반反종교개혁으로 인해 루터교에 속한 대학교 교수들이 흩어지기 전까지만 해도 이 분야에서 많은 성취가 있었다.[14]

---

14 다음을 참조하라. Walter Sparn, *Wiederkehr der Metaphysik* (Calver, 1976)

IX
유한은 무한을 담을 수 있다

유한은 무한을 담을 수 있다Finitum capax infiniti.

이 표어는 루터교에서만 쓰는 표어다. 다른 어느 교파도 동의하지 않기에 루터교의 전유물이 되어버렸다.[1] 이 말은 사실 이중부정을 통해 만들어졌다. 개혁파 신학자들은 루터파의 독창적인 그리스도론과 성사 신학(이에 대해서는 곧 살펴볼 것이다)을 비판하면서 자신들이 자명한 진리라고 여겼던 격언을 내세웠다.

---

[1] 영어로 번역할 때 느껴지는 어색함은 라틴어가 간결한 표어에 좀 더 적절함을 보여준다. 종교개혁의 표어들이 계속해서 라틴어로 회자 되는 이유다.

유한은 무한을 담을 수 없다finitum non capax infiniti.

이에 루터파는 매우 단순하고도 분명하게 반격했다. "없다"non라는 표현만 빼버림으로써 개혁파의 격언을 뒤집어버린 것이다. 앞 장에서 이 표어들과 관련된 논쟁들을 이미 살펴보았기에 그 자리에서 이야기를 마무리할 수도 있었다. 하지만 루터파가 새로운 표어를 제시했고 그에 담긴 생각이 루터교 전통에 확고히 자리 잡았기에 별도의 장을 마련해 따로 다루는 편이 낫다고 판단했다.

앞서 소개한 라드베르투스를 유보 없이 따를 때 (루터파는 라드베르투스보다 훨씬 더 철저하게 이 견해를 고수했는데) 곤혹스러운 두 가지 질문이 있다. 첫 번째 질문은 빵과 포도주가 예수의 몸이라면, '인간의 몸'이란 과연 무엇을 의미하냐는 것이다. 살아있는 인격이 어떻게 그런 것들을 자신의 몸으로 삼을 수 있는가?[2] 여기서는 이 질문을 더 깊이 다루지는 않겠다. 이 질문을 두고 논의가 오가기는 했어도 그 논의 중에 루터교에 쓰이는 표어로 자리잡은 것은 없기 때문이다. 두 번째 질문은 어떻게 한 몸이 (이를 어떻게 상상하든 간에) '하늘'과

---

2   다음을 참조하라. Robert W. Jenson, *Systematic Theology*, 1:201-206.

이 땅의 수많은 제대 위에 동시에 있을 수 있느냐는 것이다. 하늘이라는 차원을 아예 배제하더라도 어떻게 그리스도의 몸이 서로 다른 여러 제대 위에 있을 수 있는가? 물론 교회는 그리스도의 몸이 수많은 제대 위에 언제나, 끊임없이 임한다고 믿었다. 하지만 늘 질문이 제기되었고 논쟁이 일어났다. 위의 표어들은 그 격렬한 논쟁의 산물이다.

당시 논쟁은 기본적으로 루터파와 개혁파의 싸움이었다. 가톨릭 신학은 배경에 있었을 뿐 직접 싸움에 뛰어들지는 않았다. 가톨릭의 규범이 되는 가르침에 따르면 (앞에서 언급했듯) 빵과 포도주에 임한 그리스도는 '하늘'에서 '제대'로 이동하신 것이 아니다. 하느님께서는 피조 세계의 구조를 묘사하는 형이상학(예를 들면 '몸은 한 순간에 한 장소에만 있을 수 있다'는 법칙)을 넘어서는 독특한 현실을 창조하실 수 있다. 이 경우 하느님은 그리스도의 몸이라는 특정한 몸이 동시에 여러 곳에 현존하는 독특한 현실을 창조하신다. 사제가 선포할 때 그리스도의 몸이라는 실체는 실제로 제대 위에 있다. 종교개혁 시기 이 부분을 두고 가톨릭과 루터파 사이에 논쟁이 벌어진 적은 없다.[3] 그러나 스위스 종교개혁가들은 성서 어디

---

3 루터가 화체설transubstantiation을 반대한 건 철학적인 이유 때문이었다. 그는 화체설이 아리스토텔레스의 실체substance 개념을 심각하게 왜곡

에서도 교회의 성직자들에게 그러한 권한이 있다고 할 수 있는 근거를 찾지 못했다. 그들은 이 문제를 손쉽게 피해갔다. 아우구스티누스의 입장을 곧이곧대로 따라, 그리스도의 몸을 빵과 포도주에 연결하지 않았기 때문이다.[4] 어떤 면에서 애초에 문제를 없애버린 셈이다. 그리고 바로 이 때문에 그들은 루터파와 충돌했다.

가톨릭과 개혁파의 해답은 교회론과 성령론에 중심을 두고 있다. 실제로 성찬 시 그리스도의 임재를 설명하기 위해서는 삼위일체 하느님의 전체 활동을 고려해야 하며, 그렇기에 교회의 역할과 성령에 대해서도 말해야 한다. 주목할 만한 사실은 이와 관련해 가톨릭이나 개혁파의 답 중 어디서도 그리스도론이 필수적인 역할을 하지 않았다는 점이다. 그리고 루터의 젊은 제자 중 일부는 이를 불편하게 여겼다. 이들은 (그들이 모여 있던 지역의 이름을 따서) '슈바벤 개혁가'Swabian reformer가 되었고, 이들이 던진 문제 제기가 이후 이야기를

하기 때문에 쓰지 않는 편이 낫다고 생각했다. 덧붙이면 (여전히 몇몇 교과서에 그렇게 적혀 있기는 하나) 루터파는 결코 공재설consubstantiation이라 부를 만한 가르침을 전한 적이 없다.

4 과거에도 그렇고 지금도 그렇고 결정적인 질문은 이것이다. "믿지 않는 사람들이 성찬에 참여한다면 그들도 그리스도의 몸을 받는 것인가? 그들도 빵과 포도주를 입에 넣고 삼키지 않는가?" 이 질문에 루터파는 그렇다고 대답하고, 개혁파는 아니라고 대답했다.

끌어가는 중요한 밑그림이 되었다.[5]

그리스도의 몸이 어떻게 여러 곳에 동시에 임할 수 있는지 설명해야 한다는 사실을 감안하면, 누구나 그리스도론이 핵심이 되어야 한다고 생각했을 것이다. 게다가 전통에는 이를 설명할 수 있는 그리스도론의 개념이 있었다. 바로 '속성의 교류'communicatio idiomatum였다.

처음부터 그리스도교 신앙의 언어는 이러한 특징을 지니고 있었다. 초기 그리스도인들은 인간 예수에게 하느님에게 속한 능력과 행위를 돌리고, 하느님의 아들(성자)에게 인간 예수에게 속한 능력과 행위를 돌렸다. '예수가 구원한다', 혹은 '하느님의 아들이 우리를 위해 죽으셨다'와 같은 말이 그 대표적인 예다. 따라서 보편 교회에서는 성자 하느님과 인간 예수가 '인격의 연합'을 이룸으로써 하느님의 속성과 인간의 속성이 '교류'한다고 말한다. 속성의 교류에 관한 세부 교리들은 하느님과 인간이 서로 어떻게 속성을 나누는지를 체계적으로 정리하고 이를 존재론의 차원에서 설명하려는 시도의 산물이다.

---

[5] 이는 슈바벤 종교개혁가들의 지도자가 남긴 다음 저술에서 가장 잘 드러난다. Johannes Brenz, *De personali unione duarum naturarum in Christo* (Tübingen, 1561). 루터는 이들의 입장을 받아들였는데, 제자들이 스승을 가르친 경우라 하겠다.

속성의 교류 교리를 고려한다면 성찬과 관련된 질문에도 분명하게 답할 수 있을 것 같다. 하느님과 인간이 예수 안에서 하나의 인격으로 결합했기 때문에 하느님의 속성 가운데 하나인 '편재성'ubiquity(공간이라는 한계를 초월하는 능력)이 부활하신 예수의 인성에까지 전해졌다고 말이다. 따라서 예수라는 특정한 인간은 그를 찾는 어디에든 실제로 함께할 수 있다. 몸으로 부활했기에 그분의 부활한 인간성은 언제나 몸을 지니고 있다. 그러므로 그분이 계신 곳에는 언제나 그분의 몸도 함께 있다. 그러나 서방 교회의 '속성의 교류' 교리는 이런 주장을 허용하지 않으며, 어떤 면에서는 그런 가능성을 배제하는 측면도 있다. 서방 교회의 일반적인 교리에 따르면 하느님의 속성들은 분명 그리스도라는 한 신인神人의 인격에 전달된다. 그러나 하느님의 속성과 인간의 속성이 한 인격 안에서 연합했다고 해서 그리스도의 인성이나 신성에 실질적인 변화가 일어나지는 않는다.[6] 따라서 '예수가 구원한다'는 말은 참이지만, 이 말이 참이려면 다시금 '예수는 구원하시는 하느님의 아들과 인격 안에서 연합하고 있다'라는 단서가 붙어야 한다. 개혁파 신학자들은 이런 표준 서방 그리스

---

[6] 이와 관련해서는 다음을 참조하라. Robert W. Jenson, *Systematic Theology*, 2:254-255. 여기서 필수적인 인용문도 함께 다루었다.

도론을 충실하게 따랐으며 편재성과 같은 하느님의 속성과 관련해서는 더욱 그랬다. 성자 하느님은 편재하시기에 성찬이 이루어지는 곳마다 임하시지만, 그분의 '인간으로서의 몸'을 지니고 임하시지는 않는다. 우리가 성찬에 참여할 때 그분의 인간으로서의 실재가 우리와 함께 하는 것은 맞다. 그러나 그 말이 옳은 이유는 성찬 시 우리가 믿음을 통해 하늘에 계신 그분에게로 들어가기 때문이다.

루터파는 이와 상당히 다른 교리를 제안했다.[7] 이 교리에 따르면 성육신한 성자는 하느님의 속성을 지니고 있으며, 단순히 하느님으로서가 아니라 인간으로서 그 속성을 실제로 행사하신다. 따라서 그리스도께서는 하느님으로서뿐만 아니라 인간으로서 하느님의 속성인 '편재성'을 행사하신다. 곧 성자 하느님과 하나 된 예수라는 특정 인격의 인간성 전체도 어디에나 임할 수 있다. 예수의 몸과 인간의 속성 역시 여러 곳에 존재할 수 있다.[8] 루터파에 따르면 성찬 시 예수의 몸이 여러 제대에 실제로 임하는 사건은 성육신 사건 자체로

---

7 이에 대해서는 다음을 참조하라. Martin Chemnitz, *Two Natures in Christ* (Saint Louis: Concordia, 2007(라틴어 원서는 1570년에 출간)).

8 루터의 관점에서는 이것이 바로 우리의 구원이다. 우리는 결코 하느님을 있는 그대로 만나는 것이 아니라, 언제나 십자가에 달리셨다가 부활하신 분으로 만나기 때문이다.

이미 충분히 설명할 수 있다. 즉, '이 빵과 포도주가 그리스도의 몸이다'라는 말이 참이 되기 위해 교회가 특별한 능력을 받거나 믿음 자체가 특별한 힘을 발휘해야 할 필요는 없다.

물론 이런 주장에 많은 사람이 반감을 가졌으며, 그 반감은 결코 터무니없지 않았다. 창조된 몸이 하느님의 속성을 가진다면 그 몸은 도대체 무엇인가? 하느님의 무한성은 유한한 몸을 산산조각 내버리지 않겠는가? 편재하는 몸이 과연 인간의 몸일 수 있는가? 즉 유한은 무한을 담을 수 없는 것 아닌가?

이러한 반박에 루터파는 (현대의 말로 풀어보면) 이렇게 답했다. 우리가 쓰는 언어의 문법을 따라 유한과 무한을 서로 배타적인 두 범주로 나눈다면 '유한은 결코 무한을 담을 수 없다'는 말이 맞다. 그러나 형이상학에서도 언어를 규정하는 것은 현실이다. 언어가 현실을 가두어서는 안 된다. 게다가 '유한'과 '무한'이라는 말은 성서에서 나온 말이 아니다. 그리스도교 담론에서 이 단어들은 성서가 말하는 창조주와 피조물의 구분을 설명하는 보조 개념일 뿐이다. 창조주와 피조물은 영원히 구별되지만, 서로를 배제하지는 않는다. 성육신이라는 사건 자체가 바로 그 증거다.[9] 내 판단으로는 루터파가 옳다. 개혁파 신학자들, 그리고 지나치게 아우구스티누스의 색채가 강한 성사 신학보다도 말이다.

마지막으로 루터파의 '유한은 무한을 담을 수 있다'가 역사에서 어떻게 쓰였는지, 혹은 오용되었는지를 짚어보자. 본래 '유한은 무한을 담을 수 없다'에 대한 부정으로 나온 표어지만, 겉으로 보기에 이 말은 마치 유한과 무한의 일반 법칙에 대한 선언처럼 들린다. 그렇게 이해할 경우 이 표어는 독일 관념론German idealism의 좌우명이 될 수 있다(실제로 그렇게 되었다). 독일 관념론은 루터파 신학이 그리스도의 인성에만 적용했던 것을 인간 일반에 적용했다(이것이 독일 관념론에 감춰진 비밀이다).[10] 독일 루터교 전통이 독일 관념론, 더 나아가 영국과 미국의 관념론에 어느 정도 책임이 있는지[11]는 학자마다 의견이 다르다.[12] 실제로 연관성이 있다면 이는 루터파

---

9 형이상학에 근거한 논증은 무한한 존재가 여러 존재 중 하나가 아니라는 것이다.

10 이 비밀을 포이어바흐Ludwig Feuerbach는 거꾸로 추적했다.

11 이러한 경향은 세속주의자들이나 다른 그리스도교 전통에 속한 사람들 사이에서도 사라지지 않는 듯하다. 베네딕토 16세도 한때는 '숨은 루터파'crypto-Lutheran라는 평가를 받기도 했다.

12 많은 사상가가 독일 낭만주의자들과 관념론자들부터 출발해 콜리지Samuel Coleridge와 같은 영국 사상가들을 거쳐 에머슨이나 오레스테

표어에 유리할까? 불리할까? 이 역시 논쟁거리다. 미국의 랄프 왈도 에머슨Ralph Waldo Emerson은 독일 관념론을 받아들여 이를 (어떤 이들이 보기에는) '관념론이 결국 도달할 수밖에 없는 자리'였던 곳까지 밀고 나아갔다. 그에 따르면 참된 종교란 "미성숙한 인간이 타인에게서 이익을 얻으려는 근본적인 오류를 바로잡는 것"이다.[13] "참된 종교는 모든 선의 근원이 자기 자신에게 있음을, 그리고 다른 모든 사람과 마찬가지로 자신 또한 이성의 깊은 곳에 닿아 있음을 보여 준다."[14] 그래서 참된 종교에 사로잡힌 사람은 "장벽이 사라지는" 경험을 하며,[15] 자신의 존재에는 "어떠한 한계도 없음을",[16] 그리하여 "무한하고",[17] 따라서 "자신이 곧 신..."임을 경험하게 된다.[18] 이것이 '유한은 무한을 담을 수 있다'는 표어가 맺은 열매라면, 너무 익어버려 본래의 맛을 잃은 열매일 것이다.

스 브라운슨Orestes Brownson 같은 인물로 이어지는 흐름을 언급하곤 한다.
13 에머슨은 예수를 염두에 두고 이 말을 했다.
14 Ralph Waldo Emerson, *Emerson's Complete Works* (Cambridge: 1855), 1:125.
15 Ralph Waldo Emerson, *Emerson's Complete Works*, 2:255.
16 위의 책, 120.
17 위의 책, 124.
18 위의 책, 122.

X

오직 성서

'오직 성서'라는 표어는 종교개혁 시기에 나온 표어 중 오늘날까지 모든 개신교 교파가 가장 즐겨 쓰는 표어일 것이다. 그렇기에 가장 문제가 많은 표어라고 할 수도 있다. 내 생각에 이 표어를 유의미하게 쓸 수 있는 방법은 없다. 문제는 바로 '오직'이라는 말에 있으며 오용 가능성(어쩌면 가능성이 아니라 필연에 가깝다)이 이 말에 들어 있다. 이 장의 대부분은 이 부분에 관해 이야기할 것이다. 불필요한 혼동을 막기 위해 먼저 '성서'scriptura에 대해 이야기해 보자.[1]

'성서'라는 말은 유대교와 그리스도교에서 생겨난 개념이

---

[1] 이 문제에 대해서는 다음 책에서 상세하게 다루었다. Robert W. Jenson, *Canon and Creed*.

지만, 특정 공동체가 자신들의 삶과 신앙을 유지하기 위해 권위 있는 문헌을 가지는 현상은 거의 모든 종교에 공통으로 나타난다. 그러한 면에서 성서가 무엇이냐는 문제는 엄밀히 말해 그리스도교 신학의 주제라기보다는 종교 현상학 phenomenology of religion의 주제에 더 가깝다.

성서, 경전이란 종교 공동체라 불릴 만한 공동체가 오래 존속하기 위해 반드시 필요한 본문을 말한다.[2] 이 본문은 오래 보존할 수 있는 매체에 새겨지는데 매체는 비문일 수 있고, 책일 수도 있으며 훈련받은 기억일 수도 있다. 성서가 공동체 내에서 작동하는 방식은 종교마다 다르다. 예를 들어 브라만교의 경전인 베다The Vedas는 대부분 의식 절차로 이루어져 있지만, 그 의식들은 이미 수백 년 동안 실제로 행해진 적이 없다. 브라만교가 베다에서 중시하는 요소는 (외부인이 예상하듯) 그 본문의 의미가 아니다. 그 경전이 지금까지 전해 내려오면서 아리안족이라는 뿌리와 현재 브라만교 신자들을 이어주는 증거가 되고 있다는 사실 그 자체다. 이와 정 반대편에는 히브리 성서의 일점일획까지 정확히 해석하는 일

---

2 '종교'라는 범주는 확실히 근대에 만들어진 발명품이다. 영국에서는 과학이 아닌 모든 것을 가리키는 말로 등장했고, 독일에서는 19세기 초 부활하던 신학이 새롭게 자기 틀을 세워 가는 과정에서 등장했다.

을 중시하는 정통 랍비 유대교가 있다. 이런 다양성을 이해해야 우리는 '오직 성서' 중 '성서' 부분에서 생길 수 있는 혼란을 피할 수 있다. 그리스도교의 성서는 두 권으로 이루어져 있지만, 교회가 이 두 권을 똑같은 방식으로 중시하지는 않기 때문이다. 아주 엄격하게 정의하면 교회의 성서는 오직 이스라엘의 성서, 곧 '구약'Old Testament뿐이다. 교회는 '신약' 없이도 100년 넘게 존속했기 때문이다.[3]

이스라엘의 성서는 교회에 있어 당연한 전제였다. 교회는 이스라엘 성서를 '채택'하거나 받아들이지 않았다. 오히려 이스라엘의 성서가 교회를 세웠다고 보는 게 적절하다. 최초의 그리스도인들이 부활 사건을 겪기 전부터, 혹은 그 사건에 대한 믿음과는 무관하게 이스라엘의 성서는 그들에게 권위 있는 문서였다. 그 성서 속에서 살아갔기 때문에 그들은 부활을 이해할 수 있었다. 그래서 최초의 그리스도인들은 이스라엘의 성서를 예수에게서 '보고 들은 것들'로 해석함과 동시에 예수에게서 '보고 들은 것들'을 이스라엘의 성서

---

[3] 19세기 말과 20세기 초 자유주의 신학이 이런 질서를 뒤집은 이야기를 다루는 것은 이 글의 범위를 벗어난다. 다만 자유주의 신학을 움직인 흐름 중 하나가 노골적인 반유대주의였다는 사실은 꼭 기억해 둘 필요가 있다.

를 통해 이해했다. 그렇게 그들은 복음을 이해하고 전했다.[4] 이스라엘의 성서가 없다면 교회는 존재할 수 없었다. 예배와 설교, 기도와 헌신, 신학 및 윤리와 관련된 논쟁에서 구약이 함께하지 않는 교회는 존재하지 않았다. 반면 '신약'은 교회 역사의 특정 순간, 특정 요구에 응답하는 차원에서 생겼다(이에 대해서는 4장에서 다룬 바 있다). 사도들이 모두 세상을 떠나자 교회는 성령의 인도를 받아 (혹은 그러한 믿음 아래) 그들이 살아 있었을 때 나온 글들을 모았다. 그리고 그 글들 가운데서 사도들의 참된 증언을 분별해냈다. 루터의 표현을 빌리면 신약성서는 우리가 살아있는 사도들의 목소리를 직접 듣거나 그들에게 물을 수 없게 되자 하느님께서 섭리 가운데 주신 대체물이다.

이제 '오직 성서'에서 '오직'sola과 관련된 문제를 다루어 보겠다. 문제는 두 갈래로 나뉜다. 먼저 '오직'이라는 말은 무언가를 배제하겠다는 뜻이다. 그렇다면 그 '무언가'는 정확히 무엇인가? '오직 성서'라는 표어를 읊조릴 때는 무언가 분명한 이야기를 하는 것처럼 보이지만, 막상 질문을 던지고 곱씹어 보면 그렇지 않다. 그래서 역사에서는 이와 맞물려

---

[4] 새삼 강조하고 싶은 부분이 하나 있다. 설교할 때 본문으로 복음서만 골라 하는 관행은 사도들의 방식이 아니다.

여러 주장이 나오곤 했다. 가장 위험한 주장, 그리고 명백한 오용은 "우리에게 성서가 있으니 신경은 필요 없다"는 주장일 것이다. 이 표어가 나오자마자 가톨릭 교회는 반문했다. "오직 성서라고? 최소한 (사도 신경이나 니케아 신경과 같은) 신경은 있어야 하지 않는가?" 이에 대해 주류 종교개혁가들은 "아니요, 우리가 말하고자 하는 건 그런 뜻이 아닙니다"라고 대답해 왔다. 다시 가톨릭 교회는 반문했다. "그렇다면 무슨 뜻인가?" 종교개혁의 후예들은 신경(신조)을 '성서의 요약'이라고 말함으로써 '오직'이라는 말의 공격에서 신경을 지키려 했다. 하지만 사실 신경은 성서의 요약이 아니다. 창조에서 예수의 탄생으로, 그리고 예수의 탄생에서 바로 예수의 죽음으로 건너뛰는 등 신경은 성서 내용의 대부분을 생략하고 있다. 어떤 교회나 집단은 자신들에게는 신경이 없으며 성서만 따른다고 주장한다. 그런데 실제로 그들이 따르는 가르침을 살펴보면 신경에 담긴 가르침과 거의 똑같다. 게다가 (그리고 아이러니하게도) 이들은 자신들이 붙잡은 가르침을 완고하고 단순하게 해석해 매주 신경을 고백하는 전통 교회들보다 오히려 덜 유연하고 더 경직된 모습을 보이는 경우가 많다.

때때로 '오직 성서'라는 표어는 성서 외 교회에서 작동하는 다른 권위를 배제하는 도구로 쓰이기도 했다. 일부 개신교인들은 '오직 성서'를 지키려면 주교 제도나 그와 비슷한 직분에 의한 교회 운영을 거부해야 한다고 생각했다. 하지만 여기에는 문제가 있다. 앞서 말했듯 신약성서 정경과 주교제는 역사에서 거의 같은 시기, 동일한 위기에 대응하면서 함께 등장했다. 좀 더 정확하게 말하면 주교제가 먼저 자리를 잡았고, 교회는 주교들의 지도 아래 정경을 확정했다. 그렇다면 어째서 성서는 받아들이고 주교제는 거부해야 하는가? 신약성서가 교회사 속 중요한 시기에 성령께서 주신 선물인데도, 그 선물을 받아들인 주교제는 성령의 선물이 아니라는 말인가? 이처럼 '오직 성서'를 교회의 오래된 제도와 구조를 부정하는 근거로 사용하는 것은 명백한 오용이다(그렇다고 해서 오늘날 주교의 치리를 받지 않는 교회가 당장 현재의 교회 구조를 버릴 필요는 없지만 말이다).

또 다른 주장은 '오직 성서'가 성서를 긍정함과 동시에 '전통'을 부정하거나 폄하한다는 것이다. 이 같은 맥락에서 개신교는 수 세기 동안 트리엔트 공의회가 내놓은 '성서와 전통'이라는 공식을 공격했다. 문제는 정경을 이루는 대다수 책이 처음에는 공동체의 전통(전승)이라는 긴 과정을 거쳐 형성되었다는 점이다. 처음에는 입에서 입으로 전해졌고 이후에는 주석을 달고, 보완하고, 편집하는 과정을 통해 성서 본문이 만들어졌다. 그리고 그 본문들을 뽑아서 '성서'라는 한 권의 책으로 엮은 일도 마찬가지로 '전통'을 통해 이루어졌다. 전통이 성령의 인도 아래 있다고 믿지 않는다면 성령의 영감으로 주어졌다고 믿는 성서도 신뢰할 수 없게 된다. 게다가 앞에서도 말했지만 교회가 시작된 뒤 150년 동안은 신약성서가 아예 없었다. 그 후에 글들을 모아, 그 글들이 신앙생활에 권위가 있다고 규정한 건 교회의 전통이었다. 그러므로 '오직 성서'를 전통을 부정한다는 의미로 쓰는 것은 완전히 앞뒤가 안 맞는 말이다. 그러나 많은 개신교회에서는 '오직 성서'를 이런 의미로 썼고, 결과적으로 교회의 삶에 광범위한 피해를 입혔다. 전통을 거부하거나 폄하하는 생각은 초기 교회와 이어주는 수 세기 동안의 신학 성찰과 논쟁을 무시해도 성서에 다가가는 데 아무런 문제가 없다는 착각을 부추겼다. 하지만 교회는 신약성서를 전통의 대체물로 받아들이지 않았다. 전통의 핵심 부분으로 받아들였다.

종교개혁 시기 '오직 성서'라는 표어가 가장 본래에 가깝게 사용된 방식은 '구원에 반드시 필요한 문제들'에 대한 교회의 최종 권위, 곧 교도권을 거부하는 것이었다. 교황제 같은 최고 사목 권위는 부정하고, 그 자리는 오직 성서가 차지해야 한다는 것이다. 이런 해석은 앞에서 살핀 두 가지 방식처럼 즉각 모순으로 보이지는 않지만, 마찬가지로 많은 문제가 있다.

문제는 성서가 책이라는 사실이다. 따라서 성서 스스로는 권위를 행사할 수 없다. 성서가 권위를 가지려면 '누군가' 성서를 해석하고 가르치며 그 해석과 가르침이 권위 있다고 선언해야 한다. 그렇다면 누가 그 역할을 감당해야 하는가? 일부 개신교 교파가 주장하듯 모든 신자가 교도권을 가진 교사가 되어야 하는가? 그렇다면 그는 도대체 누구에게 배우고, 누구를 가르치는가? 한때는 교도권을 분산시키는 것이 '오직 성서'라는 의미에 잘 들어맞는다고 생각했다. 대다수 개신교회가 그런 방식을 시도했지만 결과는 실망스러웠다. 종교개혁 시기 어떤 교회들은 신학 교수들에게 교도권을 주기도 했다. 하지만 대다수 교회는 그렇게 하지 않았으며, 그럴만한 이유가 있었다. 개신교식 주교제나 장로제 역시 그리스도교의 가르침과 실천의 일치를 지키는 데 그리 성공을 이루지는 못했다. 그렇다면 우리는 물어야 한다. 종교개혁을 이끈 이들은 도대체 누구인가? 스칸디나비아 일부 지역에서는 대주교archbishop가 교회나 신학 문제에 대해 '무오한' 교황 마냥 독단적으로 결정하곤 했다. 대륙에서는 대학교의 신학자들과 군주들이 동맹을 맺었지만(군주들은 저마다 정치와 관련된 목적이 있었다), 이는 불안정했다. 잉글랜드에서는 군주가 직접 나서서 신학 논쟁의 최종 심판자가 되기까지 했다. 이렇게 결과가 이미 드러난 실험을 계속하면서 이를 '오직 성서'라는 이름으로 정당화하는 것은 분명 잘못된 일이다.

개신교가 당장 교황의 교도권을 받아들여야 한다는 말이 아니다. 지난 반세기 동안 교회의 일치를 새롭게 하려는 교회 일치 운동이 꾸준히 이어졌지만 성과는 제한적이었다. 분명한 사실은 개신교가 교도권을 상실함으로써 일어난 혼란을 '오직 성서'라는 말로 덮어버리는 일은 잘못되었다는 것이다.

이제 '오직'과 관련된 두 번째 문제를 살펴보겠다. '오직 성서'라는 표어를 통해, 표어를 내세운 사람들이 성서에 맡기려 한 고유한 기능은 무엇이었을까? 앞서 이야기했듯 '오직 성서'는 '오직 은총', '오직 믿음'과 함께 묶여 이해되곤 했다. 이렇게만 보면 성서가 우리를 의롭게 하거나 구원하는 것처럼 보인다. 은총과 믿음이 그런 일을 하기 때문이다. 하지만 성서는 그렇지 않다. 이슬람교는 사실상 꾸란이 구원자라고 주장한다. 그들에 따르면 이 책은 태초부터 하느님과 함께 있었기 때문이다. 그리고 바로 이 때문에 그리스도교 신학은 이슬람교를 이단으로 규정했다. 그리스도교에서 태초부터 인격적인 하느님과 함께 계신 '말씀'은 반드시 인격적이어야 했다. 우리는 성서를 믿음으로써 의롭게 되거나 구원을 받는 것이 아니다.

'오직 성서'에서 '오직'이 무엇을 배제하냐는 질문보다는 성서가 실제로 어떤 역할을 하는지 묻는 게 낫다. 종교개혁 이후 루터파 신학자들, 이른바 '루터파 스콜라주의자'들은 이와 관련해 주목할 만한 가르침을 발전시켰다.[5] 그들은 성서만이 할 수 있는 두 가지 역할을 구분했다.

첫째, 성서는 교회에서 전례 가운데 읽히며, 전례의 모든 순서에 영향을 미치며, 개인의 신심을 위해 읽힐 때 그 자체로 복음의 살아있는 소리가 된다. 그렇게 성서는 믿음을 일깨우는 살아있는 복음의 힘을 지니고 있다. 이 점에서는 '오직'이라는 말이 어느 정도 타당하다. 오늘날 성서가 없다면 살아있는 말씀이 울려 퍼질 길이 없기 때문이다.

옛 루터파 신학자들에 따르면 성서의 두 번째 역할은 규범이다. 교리 및 윤리와 관련된 논쟁에서 성서는 '자신은 규정 받지 않으면서 다른 것을 규정하는 규범'norma normans non

---

[5] 이에 대해서는 다음을 참조하라. Carl Heinz Ratschow, *Lutherische Dogmatik zwischen Reformation und Aufklärung* (Gütersloh: Gütersloher Verlagshaus, 1964), I:71-132.

normata, 달리 말해 그 어떤 것도 거스를 수 없는 권위를 지닌다. 이는 모든 신학 논의를 반드시 성서에서 도출해야 한다는 뜻이 아니다. 다만 그 논의가 성서에 반하는 결론을 내서는 안 된다는 뜻이다. '오직 성서'라는 말에 합당한 해석이 있다면 이 옛 루터파 신학자들의 해석이라고 생각한다. 그러나 이 표어를 쓰기보다는 그들이 실제로 말한 바를 따르는 게 낫다고 생각한다. 우리는 살아있는 율법이자 복음인 성서에 귀 기울여야 하며, 성서 말씀이 교회 안에서 살아 있는 목소리로 울려 퍼진다는 사실을 소중히 여겨야 한다. 그리고 도덕, 혹은 신학과 관련된 문제에서 의문이 생길 때는 성서를 최종 권위로 다시 붙들어야 한다. 그 정도면 충분하다. 굳이 '오직'이라는 말을 덧붙일 필요가 없다.

XI

의인인 동시에 죄인

'의인인 동시에 죄인'Simul iustus et peccator이라는 표어는 루터교의 특징을 잘 보여 주는 간결하고도 인상적인 표현으로 많은 사람이 쓰고 있다. 어떤 이들은 이 표어를 '동시에'Simul라고 부르면서 교파 간 대화를 할 때 루터교 고유의 특징이 여기에 담겨있다고 말하기도 한다. 하지만 이 표어가 본래 언어인 라틴어에서 벗어나면 본래 날카로움과 힘은 줄어든다. 인간은 의인이면서도 여전히 죄를 짓는다는 뜻으로 새기면 이 표어는 어느 교파나 고개를 끄덕일 만한 평범한 진술이 된다. 이를테면 교회 행정 간사가 오르간 연주자에 대한 뒷담화를 한다고 해서 그 사람이 곧바로 의인의 자격을 상실하게 되지는 않는다는 식으로 말이다. 교회 일치 차원의 논의를 할 때 루터교인이 아닌 이들은 '루터교인들이 말하고자 하는 바도 결국 이런 뜻이겠지' 생각하고 이 표어에 고개를 끄덕임으로써 이 표현이 품고 있는 당혹스러움을 완화하려 한다. 물론 하느님에게 의롭다는 선언을 받는 이들도 여전히 죄를 짓는다. 그들이 죄를 지을 때마다 그들의 의로움이 사라지는 것은 아니다.

> 우리가 죄가 없다고 말하면, 우리는 자기를 속이는 것이요, 진리가 우리 속에 없는 것입니다. (1요한 1:8)

하지만 보통 루터교인들은 이 표어가 그 이상의 무언가, 더 낯선 무언가를 염두에 두고 있다고 강조해 왔다. 그렇다면 그 이상의 낯선 무언가란 과연 무엇인가? 이 표어가 정말로 그런 낯선 뜻을 담고 있다면 이는 우리에게 도움이 되는 걸까, 아니면 오히려 해가 되는 걸까? 일단 해석의 문제가 있다. 무엇이 '의인이다'와 '죄인이다'라는 모순된 성질을 동시에 지닐 수 있을까? 여기에는 두 가지 가능성이 있는 것 같다. 하나는 의로운 사람이 동시에 죄인이 될 수 있다는 것이라는 해석이다. 또 다른 하나는 한 사람이 하는 모든 행위가 의로운 동시에 죄성이 있다는 해석이다. 앞서 이야기했듯 첫 번째 해석은 뻔하고 진부하다. 두 번째 해석은 첫 번째 해석보다 훨씬 더 강렬하고 중요한 진리에 더 가까이 있어 보인다. 그러나 이 해석을 있는 그대로 받아들이게 되면 결국 도덕적 허무주의에 빠지게 된다. 믿지 않는 이가 하는 덕을 (겉으로 보기에는 선해 보이나 하느님을 향하지 않으므로) '화려한 악덕'splendida vitia이라고 할 수 있을지도 모른다. 하지만 하느님께서 의롭다고 선언하신 이들조차 어떠한 노력을 기울인다 해도 온전한 선을 행할 수 없다고 말하는 건 문제가 있지 않은가? 이런 해석은 요즘 유행하는 또 다른 표어 '담대하게 죄를 지으라'pecca fortiter를 낳기도 했다. 이 표어는 티셔츠에 적어 순진한 신자들을 놀라게 하기에는 좋은 말이나 삶에서 실제로 실천할 만한 말은 아니다. 우리는 다시 눈을 돌려 더 깊이 들여다보아야 한다.

루터는 이런 문제를 설명할 때 '옛 사람'과 '새 사람'이라는 이원화된 틀을 선호했다. 옛 사람은 세례의 물 속에서 죽고, 새 사람이 그 물 속에서 태어난다. 이러한 맥락에서 세례는 분명한 '이전'과 '이후'를 빚어내는 사건이다. 그러나 옛 사람은 거기서 끝나지 않는다. 그는 "날마다 다시 물에 잠겨 죽어야 한다". 옛 사람은 사라진 것이 아니라 과거에서 계속 지금으로 기어들어 오기 때문이다. 바울이 한편으로는 자신과 모든 신자가 죄에 대해 이미 죽었다고 선언하면서도 다른 한편으로 일인칭 현재 시제를 써서 자기 안에 있는 죄에 대해 한탄하고 누가 자기를 "이 죽음의 몸에서"(로마 7:24) 건져 주겠느냐며 울부짖은 것은 결코 우연이 아니다.

루터와 바울의 이야기를 고려해 볼 때 '의인인 동시에 죄인'이라는 표어는 신자들이 처한 종말론적 상황을 표현하는 말이라고 보아야 한다. 이 표어를 삶 전체에, 혹은 우리의 모든 행동에 적용하려 하면 문제가 생긴다. 앞서 살핀 두 가지 잘못된 해석이 나오게 되는 것이다.

우리는 대체로 예수의 제자들이 처한 상황이 얼마나 기묘한지 깊이 생각해 보지 않는다. 그리스도의 탄생, 활동, 죽음, 부활, 승천은 모두 과거에 일어난 사건이다. 그런데 동시에 그리스도는 여전히 오고 계신다. 그러므로 신자들은 그리스도의 오심이라는 단 하나의 사건 안에서 열리는 확장된 시간을 살아간다. 십자가와 부활은 분명한 '이전'과 '이후'를 만들었지만, 이 '이전'과 '이후'는 지금도 말씀과 성사들 가운데서 끊임없이 재연되고 있다. 신자들이 의인인 동시에 죄인인 이유는 바로 이 종말론적인 소용돌이 속에서 살기 때문이다. 그들은 말씀과 성사가 빚어내는 생명으로, 말씀과 성사가 열어젖힌 시공간 안에서 살아간다.

오늘날처럼 교회 일치 운동이 이어지고 있는 상황에서, 그래서 서로의 차이에 대해 더 많이 의식함과 동시에 끝없는 대화와 논의로 인한 피로감이 쌓여 있는 상황에서 특정 교파의 특징을 강조하는 건 다시 벽을 쌓는 일처럼 보일 수 있다. 하지만 신중하게 접근한다면, 즉 단순히 교파를 유지하려는 구실을 찾는 게 아니라면 가끔은 교파의 고유한 특징에 대해 이야기해도 그리 나쁘지 않을 것이다. 이런 맥락에서 '의인인 동시에 죄인'은 루터교의 특징을 드러내는 표어라 할 수 있다(적어도 루터교가 자신들의 유산을 의식한다면 그러하다). 루터교 신학은 말씀과 성사를 통해 우리가 일상에서 경험하는 시간을 새롭게 바라보는 사유를 발전시켜왔다. 이는 교회 전체의 사유에 루터교가 공헌한 바라 할 수도 있다.

마지막으로 다소 난해해 보이지만, 교회 일치 차원에서 커다란 파장을 일으킬 수 있는 오용이 하나 있다. 바로 '의인인 동시에 죄인'이라는 표어를 교회에 적용하는 것이다.[1] 한때

---

[1] 이와 관련해서는 다음을 참조하라. Andrè Birmelè. 'La pecceabilité de l'Eglise comme enjeu oecuménique', *Revue d.Histoire et de Philosophie Religieuses* 67:399-429. 비르멜레는 이 문제를 포괄적으로 설명하나 나와 다른 입장을 취한다. 영어권에서 다룬 설명은 다음 내 저서에 담긴 간략한 논의가 유일하다. Robert W. Jenson, *Unbaptized God* (Minneapolis: Fortress Press, 1992), 101-103.

루터는 교회를 '마그나 페카트릭스'magna peccatrix, 즉 위대한 죄인이라고 부른 적이 있다.[2] 일부 루터교인은 이를 근거로 교회를 이루는 신자 개인이나 모임뿐 아니라 교회 그 자체에도 이 표어를 적용하곤 한다.[3] 하지만 대다수 교파는 이에 반발하며 이러한 반발은 타당하다. 모든 신자의 어머니로서 교회는 죄를 지은 적이 없다. 물론 신자들은 교회의 이름으로 수많은 죄를 저질렀지만 말이다. 이러한 상황을 '의로우면서도 죄된 교회'Ecclesia iusta et peccatrix라고 묘사하는 것은 적절하지 않다.

세례를 받아 '새 사람'으로 태어난 뒤에도 세례 이전의 '나', 곧 죄 아래 있던 '옛 사람'은 살아 과거에서 고개를 들고 나오려 한다. 지금의 나는 이를 억눌러야 하며, 이를 위해 분투해야 한다. 세례 이전의 삶이라는 과거가 분명히 있었기에 그 흔적이 남아 '나'를 죄의 자리로 끌어당긴다. 이는 신자가 '옛 사람'과 계속 싸워야 할 충분한 이유가 된다.[4] 그러나 교회의 경우 교회가 그리스도의 몸으로 태어나기 전의 시간은

---

2   WA 34/1, 276.
3   사회학의 용어를 빌려 교회가 그냥 사람들이 모인 '단체'association 정도가 아니라 '공동체'community라면 그러는 것이 당연해 보인다.
4   우리는 원죄를 기억할 필요가 있다. 어린아이도 죄와 무관하지 않다.

존재하지 않았다.[5] 다시 나타나 거듭 죽여야 할 '옛 교회'old church란 있을 수 없다. 그렇다면 교회를 '위대한 죄인'이라고 했던 루터의 말은 어떻게 이해해야 할까? 그가 무엇을 염두에 두었든 저 말은 그리스도론에 입각한 표어로 받아들일 때 의미가 있다. 교회는 "우리를 위해 죄가 되신"(2고린 5:21) 그리스도의 몸이기 때문에, 그러한 의미에서 위대한 죄인이라 할 수 있다. 그리스도께서는 위대한 죄인magnus peccator이시다. 그분이 실제로 죄인이기 때문이 아니라, 오히려 죄가 없으시기에 역사의 모든 죄를 짊어지실 수 있기 때문이다. 마찬가지로 교회도 그리스도의 몸이자 세상에 드러난 그분의 현존이기에 위대한 죄인이라 불릴 수 있다. 교회 자신이 죄를 지어서가 아니라 교회가 그리스도의 몸이기에, 당연히 그분이 짊어진 짐을 함께 짊어지고 있기 때문이다.

---

[5] 그 시작점을 언제로 잡든 이 말은 맞다.

XII

연결하기

앞에서 살펴보았듯 표어는 본래 떠돌아다니기 쉬운 성질을 지니고 있다. 한 번 풀려나면 원래 자신이 섬기던 담론을 도리어 왜곡하는 방식으로 돌아오곤 한다. 이는 어떤 담론이든 마찬가지다. 엄격한 학문 분야라고 해서 다르지 않다. 이를테면 현대 경제학자들은 (이를 비판하든 옹호하든) '자유시장'free market이라는 말을 빠짐없이 쓴다. 이내 이 말은 (경제학자들까지 포함해) 일종의 표어가 되었고 이념의 무기처럼 쓰여 실제 사회와 사람들에게 심각한 피해를 미쳤다. 물리학자들도 마찬가지다. '엄격한 과학'hard science을 한다는 자부심을 가지고 있음에도 그들 역시 자신이 한 연구 결과를 설명할 때는 특정 표현을 쓰고 그 특정 표현이 그 결과를 특정한 형이

상학(보통은 꽤나 빈약한 형이상학)의 결론으로 미끄러지게 만드는 경우가 많다.[1]

지금까지 다룬 내용을 마무리하는 이 장에서 나는 '매여 있음'tethering이라는 은유를 사용해보려 한다. 이를 통해 표어가 매여 있는 자리와 표어를 그 자리에 단단히 묶어 두는 끈을 구분해 설명해 보려 한다. 이런 현상의 모양새는 담론마다 다를 수 있다. 그렇다면 그리스도교 신학 담론에서는 어떤 특징을 보일까? 지금까지 한 분석에 기대어 신학 표어가 제멋대로 흘러가는 것을 막기 위해서는 어떠한 방법을 취해야 할까? 지금까지 살핀 표어들이 제대로 매여 있다면 어디에 매여 있을까? 지금까지 한 논의를 살펴보면 교회 생활과 그 담론에 세 가지 주요한 지점이 있음을 발견할 수 있다(물론 이 세 가지가 전부는 아니다).

첫째, 어떤 정당한 신학 표어들은 겉으로 보기에 본래 역사의 맥락과 꽤 멀리 떨어져 있는 것처럼 보인다. 이를테면 '유한은 무한을 담을 수 있다'와 같은 표어가 그렇다. 올바르게 쓰일 때 이 신학 표어는 특정 이야기, 곧 이스라엘의 하느님과 그 백성의 역사에 매여 있다. 그리고 그 이야기를 단순

---

[1] 이와 관련하여 자세한 논의는 다음을 참조하라. John Polkinhorne, *Faith, Science, and Understanding* (New Haven, CT: Yale University Press, 2000).

한 과거의 사건으로 치부하지 않게 하고, 그 역사에 담긴 구원의 의미가 드러나게끔 해준다. 표어는 창세기에서 요한계시록에 이르는 성서 전체의 역사를 드러내기도 하고, 때로는 '좀 더 구체적으로' 역사의 특정 부분이나 신학 주제를 드러내기도 한다. 이를 통해 우리는 무한하신 하느님이 유한한 사건들을 실제로 살아내신다는 사실을 보게 된다.

둘째, 앞의 문장에서 '좀 더 구체적으로'라는 말은 단순한 수사가 아니라 하나의 신호다. 올바르게 쓰이는 신학 표어는 결국 전체 이야기를 불러오기 때문이다. 성서 이야기는 언제나 끝(완성)을 향해 나아가는 이야기다. 그래서 올바르게 쓰인 표어는 꼭 종말을 말하지 않아도 그 방향성을 떠올리게 한다. 한 이야기가 어떻게 끝나는지 알게 되면 (암시라 할지라도) 그 이야기를 이루는 부분들은 파편들이 아니라 결국 하나의 일관된 이야기를 형성하는 부분으로 보인다. 종말을 향해 나아가는 이야기는 전통적인 추리소설과 비슷하다. (마지막 장에 이르러서든, 미리 알게 되든) 결말을 알게 되는 순간 이야기의 여러 조각은 제자리를 찾아 하나의 전체를 이룬다.[2]

셋째, 표어가 이 두 가지(성서 이야기, 그리고 그 이야기가 종말

---

[2] 나는 이러한 통찰을 데이비드 스타인메츠David Steinmetz에게 배웠다.

론적으로 하나의 전체를 이룬다는 것)에 매여 있다는 사실은 또 다른 무언가를 가리키는 신호가 된다. 즉, 올바로 쓰인 신학 표어는 언제나 이스라엘을 해방하고 예수를 부활시킨 역사의 하느님을 부르고, 그분을 가리킨다. 그리스도교인들은 하느님을 그렇게 규정하기 때문이다. 그들에게 하느님은 종말을 향해 나아가는 역사이자 모든 민족과 세계를 아우르는 역사의 주님, 이스라엘을 이집트에서 해방하고 모든 이를 향한 축복의 길로 세우신 분, 이스라엘의 그리스도 예수를 무덤에서 건져내어 축복 그 자체가 되게 하신 분이다. 이 모든 내용을 요약하면 결국 올바른 그리스도교 신학의 표어, 올바로 쓰이는 그리스도교 표어는 언제나 삼위일체 하느님에게 매여 있다.

겉으로는 복잡해 보여도 삼위일체 교리가 강조하는 건 사실상 한 가지다. 곧 성서에서 하느님과 그의 백성 사이에 일어나는 모든 이야기, 종말을 향해 나아가는 가운데 다양한 인물들이 등장하는 그 이야기가 하느님께서 우리를 위해 하신 일들을 증언하는 이야기일 뿐 아니라 하느님 자신이 영원히 어떤 분인지 보여주는 이야기라는 것이다. 성서가 우리에게 '아버지', '아들', '성령'이라고 부르도록 가르치는 존재들은 역사 속 특정 역할이 아니며 하느님이 본래 어떤 분이신

지를 드러낸다. 성서에서 아버지, 아들, 성령 사이에 일어나는 ('낳음과 보냄', '낳아짐과 보내짐', '내쉼', '나아감'과 같은) 역동적인 관계들은 모두 하느님이 영원히 어떤 방식으로 존재하시는지 보여 준다.

그렇다면 그리스도교의 표어들을 제자리에 붙들어주는 끈들은 무엇일까? 표어의 남용과 오용을 막으려 할 때 붙잡아야 할 끈들은 무엇일까? 앞에서 몇 번 언급했듯 신경과 성서 정경canon of Scripture이다.[3] 물론 다른 끈들도 가능하다. 오늘날 우리가 아는 신경들의 뿌리를 완벽히 헤아릴 수는 없다. 하지만 우리가 아는 한 이들은 초기 교회 공동체에서 살아있던 '레굴라 피데이'regula fidei, 곧 신앙의 규칙에서 발전했다. 사목자나 교사는 그리스도인이 무엇을 고백해야 하는지 가르칠 때 이 신앙의 규칙을 사용했다. 본문이 통일되지는 않았지만 언제나 간결했고, 어떤 방식으로든 삼위일체의 구조를 지녔으며, 구원의 사건들과 그 사건을 일으키시는 하느님을 이야기했다. 신앙의 규칙은 여러 상황에서 쓰였지만, 이 규칙이 신경으로 발전하는 데 가장 중요한 역할을 한 자리는 세례였다. 교회가 자기 정체성을 다음 세대로 이어주

---

[3] 성령의 선물에 대한 내 주장은 다음 책에 자세히 나와 있다. Robert W. Jenson, *Canon and Creed*.

고, 현재의 교회가 미래의 교회를 낳는 성사였기 때문이다. 세례 예식에 관한 가장 이른 시기의 자료에서도 교회는 새로 들어온 사람들에게 자신이 무엇을 하는지 아는지를 검증했다. 세례 마지막에 '신앙의 규칙'을 아는지 질문의 형태로 물어본 것이다.

> 당신은 하느님 아버지, 즉 ... 하신 분을 믿습니까?
> 당신은 그분의 아들을, 즉 ... 하신 분을 믿습니까?
> 당신은 성령, 즉 ... 하신 분을 믿습니까?

말 줄임표는 지역 교회마다 달리 채워졌다. 4세기 초 무렵, 세례를 좀 더 차근차근 준비할 필요성, 즉 예비 신자 교육 catechumenate의 필요성이 대두되면서 위와 같은 고백들은 질문이 아닌 진술형으로 정리되어 세례 직전 마지막 교육 자료로 쓰이기 시작했다. 오늘날 교회에서 쓰는 사도 신경은 바로 그 전통을 이어받은 사례라 할 수 있다.

교육 과정에서 어떤 표어를 쓰든, 새로운 신자가 어떤 표어를 접하게 되든 신경이 제자리를 차지하는 교리 교육이 그 표어를 올바른 자리에 붙들어 둔다. 달리 말하면 표어들은 신자들을 성서 이야기, 희망 어린 종말론, 삼위일체 하느님께로 이끈다. 하지만 새로운 그리스도인들이 교육을 잘 받았다 하더라도 일부 표어가 제멋대로 흘러갈 수 있지 않을까? 아마 그럴 것이다. 하지만 신경에 기초한 교리 교육이 이루어지지 않는다면 표어는 반드시 본뜻에서 벗어나게 된다. 지금 이 글을 쓰는 와중에도 아그리콜라의 이단 사상이, 아니 그보다 더 파괴적인 형태가 루터교 전반에, 나아가 주류 개신교 전반에 퍼져있다. 신경을 통한 교리 교육이 무너진 결과다.

성서 정경은 신경과는 조금 다른 성격을 지닌 끈이다. '서사'란 왜 그렇게 중요할까? 신학 표어들이 제대로 매여야 할 자리로 성서 이야기를 고집하는 이유는 무엇인가? 그 이유는 그리스도교 정경의 구조가 표어들을 붙잡아 주어 구원 이야기의 일부로 이해할 수 있게 해주기 때문이다.

앞서 언급했듯 최초의 그리스도인들이 예수 그리스도에 대한 신앙을 갖기 전에도 그들에게 이스라엘의 성서는 권위를 지닌 책이었다. 그들이 신앙을 가진 이후에도 그 권위는 사라지지 않았다. 하지만 이는 여러 방향으로 흘러갈 수 있었다. 이를테면 예수의 제자들은 구약의 지혜 전통을 따라 공동체를 고전적인 의미에서의 '철학자들', 지혜를 사랑하는 사람들의 집단으로 만들 수도 있었다(성서의 지혜 문학은 이야기의 비중이 그리 높지 않다). 아니면 교회는 성서의 율법 전통을 따라 모세의 율법을 세상에 전하는 운동을 벌일 수도 있었다(율법에도 이야기는 거의 담겨 있지 않다). 그리스도교의 모습을 결정한 것은 구약에 이어 붙은 두 번째 책, 신약 덕분이었다. 신약에는 예수에게 일어난 일을 전하는 복음서들의 이야기가 들어있고, 동시에 이 이야기가 이스라엘 성서의 절정이라는 주장이 다양한 형태로 들어있다.[4] 따라서 교회는 이스라엘의 성서를 절정이 있는 이야기이자 하나의 서사로, 나아가 구약과 신약을 하나로 묶어 하느님께서 당신의 백성과 함께 하신 일을 담은 거대한 서사로 읽어야 했다. 이러한 구약과 신약의 (따로 있지만 서로 연결되어 있다는) 이중성과 이들이 하나의 이야기로 묶이는 독특한 방식이 교회를 스스로 이야기 속에서 살아가는 공동체로 규정하게 만들었다. 그러나 이 힘은 오직 교회 생활에서 두 부분으로 이루어진 성서가 실제로 활발하게 쓰일 때만 작동할 것이다. 전례 가운데 읽히고 해설되며, 전례 언어와 흐름을 빚어내게 하고, 가정 예배와

---

[4] 우리가 아는 '유대교'가 된 랍비 운동은 (거룩한 율법을 실제 생활에 어떻게 적용할지에 대한 해설을 모아놓은) 미쉬나라는 두 번째 경전의 영향을 받았다. 교회에서 신약성서가 구약을 신학 및 도덕에 관한 설명이 포함된 하나의 이야기로 읽게 하듯, 미쉬나도 유대교가 구약을 이야기라는 맥락 가운데서 토라로 읽게 한다.

기도 시간에도 신앙을 이야기하는 책으로 쓰이고, 신학과 윤리 논의에서 깊은 성찰의 대상이 되고, 논쟁이 일어날 때는 심판자 역할을 하는 등 교회 곳곳에서 성서는 계속 살아 움직여야 한다. 교회 생활에서 구약과 신약이 실제로 차지하는 자리가 줄어든다면, 표어들만 길을 잃는 게 아니라 교회 자체가 길을 잃을 것이다. 그러니 '행위가 아닌 믿음으로 의롭게 되었다'와 같은 표어가 제멋대로 흘러가 파괴적인 결과를 낳지 않게 하려면 하나의 명령이 나란히 있어야 할 것이다.[5]

교회를 성서로 가득 채워라.

---

[5] 성서는 우리가 미리 만들어둔 해석의 틀로 읽을 책이 아니다. 성서 자체의 구조를 따라, 그리고 신경이 고백하는 바를 따라 읽어야 한다. 그러한 면에서 그리스도교 성서는 단순히 '믿음의 책'이 아니다. 하느님께서 이스라엘, 그리고 교회와 함께 걸어오신 역사, 그리스도를 중심에 둔 역사, 곧 하느님의 역사를 담은 책이다.

부록

나의 신학 여정에 대하여
- 시작부터 오늘까지

그리스도인에게 자서전과 신학적 자서전은 같은 것이어야 한다. 신학은 신앙, 행위와 분리될 수 없기 때문이다. 하지만 나는 정식 자서전을 쓰라는 요청을 받지도 않았고 그럴 마음도 없다. 여기서는 내 삶의 실제 이야기에서 많은 부분을 덜어낸, 아주 간략한 이야기만을 전하려 한다. 이야기는 대체로 시간 순서를 따라 짜여 있다. 다만, 특정 시기에 나타난 주제나 관심사는 그 시기를 넘어 이어지기도 했다. 그러다 보니 이야기는 중요한 사건들, 내 삶에 특별한 영향을 미친 요소들을 중심으로 전개될 수밖에 없다. 그러한 면에서 젊은 시절의 비중이 높은 건 자연스러운 일이다. 그러나 내 생각에 교회의 사유에 기여한 부분이 가장 많고 내용도

알찼던 시기는 지난 10년이었다. 이 시기 나는 『조직신학』 Systematic Theology을 집필했고, 프린스턴 신학 연구소의 선임 연구원이 되었다. 연구소에서 진행하는 일과 쏟아지는 요청 덕분에 다양한 주제에 대한 글쓰기에 몰두했다. 또 자연스럽게 온 세계를 아우르는 교회 일치 운동 관련 망의 중심에 있었다. 지금 나는 성서 주석을 쓰고 있으며 얼마 전에는 (여덟 살인) 손녀와 내가 신학과 관련해 나누었던 대화를 녹음해 책으로 펴내기도 했다. 다만 이렇게 무르익은 시기에는 자서전에 담을 만한 전환점도, 나에게 커다란 영향을 미친 사건도 많지는 않은 법이다.

시작

대학 시절부터 이야기를 해 보겠다. 그때 처음으로 나는 내가 물려받은 종교가 참되다는 주장이 어쩌면 거짓일 수도 있다는 생각이 들었다. 그렇게 1947년 아이오와 주 데코라에 있는 루터 칼리지에서 내 신학적 성찰은 시작되었다. 대학 시절 나는 동아리나 학생회 활동에 열심이었지만, 공부를 게을리하지는 않았다. 꽤 엄격한 교수(그는 내 첫 번째 지적 영웅이었다)에게 고전학을 배웠으며 가능한 한 많은 철학 수업을 들었다. 올랜도 W. 퀄리Orlando W. Qualley 교수는 그리스어와 라틴어를 철저하게 가르쳤고, 그 언어들로 쓰인 문학 작품들을 사랑하게 만들었다. 비극, 아리스토텔레스와 플라톤의 신학은 이후 내 사유의 중심축이 되었다. 혼자서 니체Friedrich Nietzsche, 마르크스Karl Marx, 모더니즘 시를 기웃거리기도 했다(내 그리스도교 신앙이 꽤 흔들리고 있었음을 알 수 있다).

그러나 어느 정도는 키에르케고어Søren Kierkegaar 덕분에, 그리고 모범이 되었던 (완고한 정통 루터교 신자이자 대체로 매력적인 지식인이기도 했던) 한 교수 덕분에 신학교로 가는 길을 이어갔다. 깊고 끝없는 심연에 뛰어들기로 결심한 것이다. 내 배에는 앞도, 뒤도 없이 옆면만 있는 것 같았다. 어디로 나아가야 할지 방향을 잡지 못한 채 양쪽 선택지만 놓여 있는 상황이었던 셈이다. 한쪽에는 니체를 따르는 일종의 경험주의가 있었고, 그래서 나는 반대편을, 오컴의 면도날에도 살아남을 만큼 단순하면서도 분명한 현실, 시공간에 실제로 있었던 인물 예수와 그가 "아버지"라고 불렀던 어떤 초월적 실재편을 택했다. 물론 이런 이해는 불완전했고, 이내 나도 그 사실을 깨달았다. 하지만 예수와 함께 "우리 아버지..."라고 부를 수 있다는 가능성에서 신앙의 의미와 힘을 발견했고, 지금도 그 확신으로 살아가고 있다. 또한 나는 추상적인 개념보다는 시간과 공간 속에서 실제로 드러나는 구체적 현실에 매달려야 한다는 생각을 지금까지도 고수하고 있다. 그래서 부활을 '예수라는 인격체'를 형성하는 결정적인 사건으로 이해하게 된 이후로, 나는 부활하신 그리스도께서 반드시 시공간 안에 구체적으로, 특히 제대 위 빵과 포도주로 계시다고 강하게 주장해 왔다. 어떤 면에서 나는 루터의 그리스도론을 읽기 전에 이미 그의 그리스도론을 받아들일 준비가 되어있던 셈이다. 동시에 신앙을 위해 억지로 만든 것처럼 보이는 형이상학 개념들에는 마음을 두지 않았고, 여전히 그러하다. 이를테면 나는 '육신 없는 로고스'λόγος ἄσαρκος라는 개념이 실제로 있다고 생각하지 않는다. 마찬가지 이유에서 ('칼뱅주의가 말하는 밖에서'extra calvinisticum든, 내재적 삼위일체immanent Trinity와 경륜적 삼위일체economic Trinity 사이에 거리를 상정하는 신학 가설이든) 네스토리우스주의Nestorianism의 색채를 조금이라도 띠는 모든 주장에 반대한다. 칼 라너Karl Rahner를 듣기도 전에 이미 그의 편에 서 있었던 셈이다.

신학대학원 시절

신학대학원에 입학한 첫해에는 대부분의 수업을 듣지 못했다. 크리스마스 연휴를 마치고 돌아오다 교통사고를 당했기 때문이다. 몇 달 동안 침대에 누워 지내며 할 수 있는 일은 오직 독서뿐이었다. 이 시기 나는 위대한 작품이든 가벼운 작품이든 온갖 소설을 닥치는 대로 읽었고 칸트의 대다수 저술, 키에르케고어의 저술 상당수를 읽었다. 키에르케고어와 오래 씨름한 시기는 이때가 마지막이었다(그의 저술을 너무 오래 붙잡고 있으면 누구라도 머리가 복잡해지고 마음이 불안해지기 십상이다). 하지만 그의 기이함은 분명 내 안 어딘가에 여전히 남아 있다. 칸트는 현대 서구 사상가라면 누구나 계속해서 참고할 수밖에 없다.

그해 말, 우연히 칼 올라프 로제니우스Carl Olaf Rosenius의 『하느님과의 화평으로 가는 신실한 안내서』A Faithful Guide to Peace with God를 접하게 되었다. 이 스웨덴 경건주의자의 사유와 정취는 낯설었다. 하지만 그는 깊이 와닿는 지적을 했다. 모든 죄의 뿌리가 불신이라면, 죄의 용서는 무엇보다 불신 그 자체에 대한 용서여야 한다고 로제니우스는 말했다. 그 가르침 덕분에 나는 신학교를 포기하지 않고, 교회 생활도 이어갈 수 있었다. 그리고 이 생각은 여전히 사목자로서 내 실천의 가장 중요한 공리로 남아 있다(학문 중심의 길을 걸어왔지만, 뜻밖에도 사목 현장에서 활동할 일이 꽤나 많았다). 세인트 폴에 있는 루터 신학교는 솔직히 그리 좋은 학문 기관이 아니었다. 그곳을 떠나며 다시는 신학교 문턱을 밟지 않겠다 다짐했지만, 이후 20년을 신학교에서 가르치며 보냈다. 아이러니한 일이다. 그래도 이 시절은 내 인생의 중요한 방향을 정해주었다. 교수들이 읽지 말라고 경고한 책들, 이를테면 헤르만 궁켈Hermann Gunkel이나 지그문트 모윈켈Sigmund Mowinckel 같은 학자들의 책을 읽으며 나는 성서가 정말 흥미롭다는 사실을 깨달았다. 시편이 실제 전례 때 쓰였던 시가였고 성서의 이야기들은 당시 사람들이 서로에게 들려주고 주고받던 이야기였다는 사실이 새삼스럽지만 놀랍게 다가왔다. 현재 나는 성서 주석에서 역사비평의 지배에 저항하는 쪽에 서 있다고 봐야 할 것이다. 하지만 역사비평 자체를 거부하지는 않는다. 때로는 신학 논증을 할 때 역사비평의 통찰을 끌어들이기도 하고, 때로는 성서 해석을 할 때 신학을 끌어들이기도 한다(이런 모습을 보이면 전문 성서학자들은 깜짝 놀라곤 한다). 마찬가지로 위와 같은 책들을 읽으면서 나는 구약이 그리스도교 신학에서 갖는 위치를 분명하게 옹호하게 되었다. 설립되었을 때도 그랬듯, 내가 다닐 때에도 루터 신학교는 정통 루터교와 일반적인 개신교 경건주의 사이의 논쟁으로 갈라져 있었다. 사람들은 문제를 진지하게 받아들였고, 그래서 분열이 심각했다.

논쟁의 쟁점은 노르웨이 루터교인들이 미국으로 이주한

뒤 내내 씨름하던 문제였다. 하느님은 먼저 택하시고 믿음을 주시는가? 아니면 '믿음을 내다 보심으로써'('인투이투 피데이'intuitu fidei), 즉 하느님께서 누가 믿을지를 미리 보시고 그를 택하시는가? 언뜻 난해해 보이는 이 구분은 전혀 다른 두 가지 신학 사유로 이어진다.

두 길 중 나는 헤르만 프레우스Herman Preus로 대표되는 정통파를 지지했고, 덕분에 루터파 스콜라 신학자들의 저술을 접하게 되었으며 이내 그들을 존경하게 되었다. 내가 처음으로 쓴 제대로 된 학술 논문이 마르틴 켐니츠Martin Chemnitz의 『그리스도 안에 있는 두 본성에 대하여』De duabus naturis in Christo를 다룬 글인건 바로 이 때문이다(표면상으로는 반대편에 있던 교수가 진행하던 수업의 과제물로 위장했지만, 실제로는 논문이었다). 나는 지금도 옛 루터파 신학자들의 놀라운 지적 역량, 그리스도론을 중심으로 과감하게 존재론을 새롭게 다듬은 용기에 경탄하며 그들의 발자취를 따르려 한다. 내가 여전히 루터교 신학자라고 불릴 수 있다면, 그것은 그리스도의 인성과 신성을 결코 분리할 수 없으며 성찬 시 주어지는 빵과 포도주에 실제 그리스도의 몸과 피가 현존한다고 이야기했던 교부 키릴루스Cyril of Alexandria의 입장을 더 철저하게 밀어붙인 (그리고 루터도 동의했던) 요하네스 브렌츠Johannes Brenz의 입장에 동의하기 때문이다. 그리고 나는 어떤 이름으로, 어떤 모습으로 나오든 간에 '인투이투 피데이'는 미봉책이라고 본다.

신학교 교수 중 내 삶에 결정적인 영향을 미친 사람은 에드문트 스미츠Edmund Smits였다. 유럽 중부 출신의 박학다식한 학자였던 그는 전쟁 이후 유럽에서 미국으로 떠밀려 와, 특정 교단 신학교라는 낯선 해안에 얼떨결에 자리 잡은 상태였다. 스미츠 교수 덕분에 나는 아우구스티누스를 접했고 아우구스티누스는 지금까지 (그에게 동의하든, 그를 비판하든) 내 사유의 한 축으로 남아 있다. 또한 스미츠 교수는 프로이트와 융의 정신분석 이론을 비롯한 정신분석학, 전례가 지나치게 접근하기 쉬운 활동이 되면 안 된다는 통찰을 비롯해 여러 가지를 가르쳐주었다. 신학교 마지막 해에는 교수일 뿐 아니라 목사로서 나와 갓 결혼한 아내를 돌보아 주기도 했다.

동료 학생 두 명도 꼭 언급해야 할 것 같다. 우선 게르하르트 포드Gerhard Forde는 나에게 루돌프 불트만을 소개해 주었다. 그래서 하이델베르크로 박사 과정을 하러 갔을 때 원래는 불트만에 관한 논문을 쓰려 했다. 여전히 나는 불트만을 존경하며, 그의 제자들인 게르하르트 에벨링, 에른스트 푹스에게도 많은 것을 배웠다. 마르틴 하이데거Martin Heidegger가

은둔에서 벗어나 옛 제자들 가운데 신학생들을 모아 '검은 숲'에서 진행한 (전설적인) 세미나 자리에 귄터 보른캄Gunther Bornkamm이 나를 데리고 간 적도 있다. 나는 한편으로 하이데거의 말에 감탄했지만, 다른 한편으로는 영미권 사람답게 회의적인 태도로 들었다. 그때 받은 하이데거의 강의 원고 사본을 아직도 가지고 있으니 내 안에는 그의 영향도 있을 것이다.

불트만과 다른 길을 걷게 된 이유는 단순히 과거에 일어난 일이 아니라 지금도 내 신학을 이끄는 중요한 문제이기에 꼭 말할 필요가 있다. 불트만은 신앙을 미래를 향한 개방성이라고 말했다. 좋다. 그렇다면 그 미래의 구체적인 내용은 무엇인가? 이에 불트만은 미래를 향한 개방성이라는 답만 되풀이할 뿐이었다. 어느 날 나는 이런 끝없는 반복이 터무니없다는 생각이 들었고, 결국 하나의 질문이 남았다. "복음은 구체적으로 어떤 미래를 열어주는가?" 이 질문 덕분에 훗날 나는 '희망의 신학자'theologian of hope라는 꼬리표를 달게 되었다. 하지만 정작 몰트만Jürgen Moltmann의 『희망의 신학』Theologie der Hoffnung 및 그와 관련된 신학 운동에 대해서는 알지 못했다. 내게 희망의 신학자라는 꼬리표를 달아준 책 『이야기와 약속』Story and Promise 원고를 거의 마칠 때까지도 그랬다.

한 때 사람들은 나와 칼 브라텐Carl Braaten을 "빙빙 돌며 서로의 냄새를 맡는 두 마리 개"라 부를 정도로 사이가 딱히 좋지 않았다. 그럴만도 했다. 그는 소르본과 비교적 세련된 세인트 올라프 칼리지를 거친 교양인이었고, 나는 그에 비해 당시 사회에서 그리 주목받지 않은 루터 신학교 출신의 정통 신앙 수호자였다. 우리는 한동안 서로를 불신했다. 그러다 1957년 하이델베르크 거리에서 우연히 브라텐 부부를 만났다. 아내들은 함께 저녁을 보내자고 입을 모았고, 덕분에 칼과 나는 그날 내내 큰 소리로 논쟁했다. 이 일을 계기로 그는 수십 년 동안 최고의 친구이자 협력자가 되었다. 칼은 하버드에서 폴 틸리히Paul Tillich의 조교를 지냈고 끊임없이 나를 새로운 사유로 열어주었다. 그는 언제나 먼저 내게 공동 작업을 제안했고 그 결과 잡지 「대화」Dialog, 가톨릭과 개신교 신학 연구소, 잡지 「프로 에클레시아」Pro Ecclesia를 함께 했다.

예민한 독자라면 이미 눈치챘겠지만, 나는 신학교 생활에 만족하지 못했다. 그래서 부업하듯 미네소타 대학교에서 철학을 공부했고, 특히 현대 논리학을 집중적으로 배웠다. 그 과정에서 익힌 사고 습관은 지금까지도 남아 있다. 그리고 얼마 뒤 본격적으로 강의를 시작했을 때, 자신 있게 가르칠 수 있던 유일한 분야는 논리학이었다.

블랑쉬

신학교 시절 가장 커다란 신학적 사건은 사목 실습 기간에 일어났다. 나는 미네소타 대학교에서 루터교 학생 사역을 맡았는데, 그곳 루터교 학생회관에서 한 '상담자'counselor를 만났다('상담자'는 성찬 집례를 제외하고 사실상 목사 역할을 하는 사람을 가리키는 완곡한 표현이었다). 그리고 우리는 이듬 해 여름 결혼했다. 내 모든 책에 블랑쉬 록니Blanche Rockne를 공동 저자로 올려야 한다는 말은 농담이 아니다. 적잖은 사람이 나를 열정적인 교회 일치 운동가로 기억할 것이다. 실제로 앞으로 할 이야기 중 많은 부분도 교회 일치 운동과 관련이 있다. 그러나 블랑쉬를 만나기 전까지 나는 교회 일치 운동을 달갑게 여기지 않았다. 그녀는 주립 대학이라는 환경 속에서 자연스럽게 교회 일치 운동의 영향을 받으며 성장했다. 내가 바뀐 건 순전히 그녀 덕분이다. 또 내 글들을 읽은 사람들은 시간이 흐르며 내가 점점 더 자주 이야기, 혹은 서사라는 개념을 썼음을 알고 있을 것이다. 나를 그렇게 만든 건 이른바 '이야기 신학자들'이 아니었다. 지난 52년 동안 토론하고 논쟁할 때마다 "그런데 이게 성서 이야기와 어떻게 맞아 떨어지나요?"라고 물은 블랑쉬였다. 신학을 가르치기 시작했을 때 어느 토론회에서 '복음'에 대해 길게 이야기한 적이 있다. 그때 청중 가운데 한 사람이 물었다. "그런데 복음이 정확히 뭡니까?" 나는 순간 당황했고, 이윽고 이렇게 답했다. "약속의 형태로 전해지는, 예수에 관한 이야기입니다." 그 뒤로 나는 이 정의를 고수했다(차츰 말을 추가해 '이스라엘 안에서의 예수에 관한 이야기'라고 말하기는 했지만 말이다). 그리고 교회 일치 운동에서 저 정의가 지닌 중요성에 대해서도 일관되게 밀고 갔다. 즉, '우리는 믿음으로 의롭게 된다'는 말이 복음은 아니라는 것이다.

1970년대에는 미국 신학자들에게 깊은 관심을 가지게 되었고 그중 가장 위대한 조나단 에드워즈Jonahtan Edwards에 대한 책을 집필하는 데 힘을 쏟았다. 그리고 그의 미학적 형이상학을 사실상 훔치기도 했다. 그런 방식으로 뉴잉글랜드 신학자들을 읽고 가르치도록 이끈 사람은 다름 아닌 블랑쉬였다. 미국 지성사를 잘 알고 있던 그녀는 내가 18~19세기 독일에서 일어난 일에 대해 많이 알면서도 같은 시기 자기 나라에서 무슨 일이 벌어졌는지는 거의 모른다는 사실을 이상하게 여겼다. 이 외에도 그녀가 내게 미친 영향은 무수히 많다. 뒤에 종종 '우리'라는 표현이 나오는 건 이 때문이다.

하이델베르크와 바젤 시절

당시 미국 중서부에 있던 교단 대학들은 교수진을 직접 양성해야 했고, 그래서 종종 학교 졸업생들을 키웠다. 나도 거기에 해당해 신학교를 졸업하고 곧바로 루터 칼리지 종교와 철학과에 채용되었다. 학교는 모든 일이 잘 풀린다면 1~2년 뒤에는 추가 학문 연구를 할 수 있게 해주겠다고 약속했다. 물론, 일은 잘 풀리지 않았다. 학교는 내가 역사비평을 활용해 성서를 읽을 거라고, 진화론에 대해 별다른 우려를 하지 않을 거라고 생각하지 못했다. 종교학과가 다른 학과를 감시, 통제하는 일에 동참하기를 거부할 거라 생각하지도 못했다. 그 모든 일이 나를 채용한 (보수 지식인이었던) 학장에게는 눈엣가시 같았다. 그럼에도 나는 대학의 지원을 받아 박사 과정을 시작할 수 있었다. 해외 경험을 쌓고 싶기도 했고, 좋은 교수진도 있어서 나와 블랑쉬는 하이델베르크 대학교로 갔다. 하지만 당시 하이델베르크 대학교가 '황금기'였음을 알지는 못했다. 이를 깨닫게 된 건 그곳에서 배우기 시작한 뒤였다. 당시 내가 신학을 공부하는 사람으로서 얼마나 행운아였는지는 박사 학위 최종 구술시험 위원의 명단을 제시하는 것만으로도 충분하다. 내 '리고로줌'rigorosum을 심사한 사람들은 피터 브루너Peter Brunner, 에드문트 슐링크Edmund

Schlink, 게르하르트 폰 라트Gerhard von Rad, 귄터 보른캄, 한스 폰 캄펜하우젠Hans von Campenhausen이었다. 이중 슐링크를 제외한 모두가 내게 커다란 영향을 미쳤고, 특히 두 사람이 깊은 흔적을 남겼다. 한 사람은 피터 브루너였는데, 신학적 섬세함과 정밀함으로 나를 훈련시켜 주었을 뿐 아니라 자신이 "약간의 사변"이라고 부른 한 가지 통찰, 하느님께서 자기 백성과 함께한 역사가 바로 하느님 자신의 역사라는 생각을 전해주었다. 또 다른 사람은 폰 라트였는데 그는 성서의 통일성을 역사의 통일성으로 이해했다. 하느님께서 약속하시고, 이루시고, 다시 새로운 약속을 주시는 흐름이 반복되며 그 가운데 성서 전체가 하나로 엮인다고 본 것이다.

브루너의 세미나에 계속 참여하자 그는 마지못해 내 논문 지도를 맡아주려고 했다. 그는 (내가 독일 학문 전통에 익숙하지 않다는 점, 불트만 쪽으로 기울지 않을까 하는 점 때문에) 큰 걱정을 품고 있었지만, 바르트의 '그리스도의 선택'에 관한 연구는 내가 할 수 있을지도 모른다고 이야기했다. 그래서 나는 그 주제로 논문을 썼다.

당시 나에게 시급한 과제는 독일 학풍에 몸담은 이라면 누구나 알고 있어야 하는 사람들, 칸트, 셸링, 슐라이어마허, 헤겔 같은 사상가들을 공부하는 일이었다. 그때까지 나는 칸트에 대해서만 조금 알고 있었다. 그러한 와중에 신참 강사였던 볼프하르트 판넨베르크Wolfhart Pannenberg의 강의를 듣게 되어 나머지 사상가들을 이해하는 데 큰 도움을 받았다. 당시는 폰 라트의 성서 해석이 지닌 신학적 의미에 열광하던 젊은 학자들의 모임인 '하이델베르크 모임'의 전성기였고 판넨베르크가 그 모임의 중심인물이었다. 그때부터 나는 하느님이 한 분이시며 삼위일체라면 실재는 역사적일 수밖에 없고, 역사는 하나의 결말을 지닌 전체여야 하며, 계시는 바로 그 결말을 하느님께서 역사 속에 미리 보여주시는 사건이라는 판넨베르크의 견해에 전폭적으로 동의했다.

슐라이어마허가 잘못된 길을 갔다고 생각했지만, 그럼에도 많은 부분을 배웠다. 특히 그의 '종교'에 대한 분석을 적극적으로 받아들였다. 박사 구술시험을 치렀을 때 교수들은 내가 셸링을 잘 이해하고 있다며 칭찬해주었는데, 정작 무엇을 이해했는지 기억이 나지 않는다. 요즘 어떤 이들은 나를 헤겔주의자라며 비판하곤 하는데, 이에 대해서는 이렇게 말하겠다. 나는 헤겔의 『정신현상학』Phänomenologie des Geistes을 읽으며 많은 유익을 얻었지만 크게 실망하기도 했다. 그 덕분에 역사가 나름의 역동적인 논리를 지니리라는 희망을 품게 되었고 필요할 때는 헤겔의 개념과 언어를 가져다 쓰기도 했다. 그러나 그 이유는 헤겔의 사상이 학문 환경을 채우는 공기이기 때문이다. 칸트 철학이 그러하듯 헤겔 역시 우리 시대 신학의 불가피한 배경이다.

논문을 쓸 시기가 되자 우리는 바젤로 이사하게 되었다. 당시에는 바르트의 명성이 절정에 달해 있었다. 공식 지도교수는 아니었으나 그가 얼마나 훌륭하고 친절한 조언자였는지 길게 말하지 않겠다. 그가 내 논문을 읽고 승인해 주었고, 그 일부가 나중에 『알파와 오메가』Alpha and Omega로 출간되었다는 사실을 밝히는 것으로 충분하다고 본다. 나는 단 한 번도 '바르트주의자'Barthian였던 적이 없다. 오히려 그랬기 때문에 내가 주변에 있는 걸 그가 좋아했다고 본다. 바르트가 진행하는 세미나와 콜로키움에는 언제나 맞서 토론할 상대가 필요했기 때문이다. 블랑쉬와 나는 이미 교회의 오래된 전례를 깊이 필요로 할 정도로 가톨릭스러웠고, 성사에 대한 태도는 지극히 루터파스러웠다. 바르트는 무척이나 매력적인 인물이었지만, 우리는 결코 이 스위스 개신교 신학자의 온전한 제자가 될 수 없었다. 그러나 바르트의 저술을 읽고 그에 관해 글을 쓰면서 나는 매우 중요한 점들을 깨달을 수 있었다. 첫째, 『교회 교의학』Kirchliche Dogmatik에서 삼위일체 교리가 차지하는 위치는 (구체적인 전개 방식이 어떠하든 간에) 본으로 삼을 만했다. 삼위일체 교리의 첫째 기능은 그리스도교의 하느님이 누구인지 밝히는 것이다. 더 나아가 이 교리는 고대와 현대의 신학 난제를 풀어낼 수 있는 커다란 틀을 제공한다. 둘째, 조직신학은 좋은 싫든 형이상학이다. 따라서 아리스토텔레스나 헤겔 같은 사상가와 동등한 수준에서 대화에 임해야 한다. 셋째, 노골적이든 암묵적이든 '하느님의 선택'은 언제나 신학의 중심에 있다. 그러나 이 선택을 예수 그리스도 안에서 이해하지 않으면 그리스도교 신학은 이교화될 수 있다. 그리스도가 선택하시는 분임과 동시에 가장 먼저 선택받으신 분이라는 사실 안에서만 이 선택의 문제는 올바르게 자리 잡을 수 있다. 넷째, 바르트가 초기에 '독일 그리스도교인들'과 맞선 일은 매우 중요한 교훈을 준다. 물론 독일인이 하는 신학과 인도인이 하는 신학은 다를 수밖에 없다. 하지만 그 차이를 '인종 이론'이나 '페미니즘 이론', '탈식민주의 이론'처럼 미리 짜인 틀로 규정하고, 그 틀 안에서 신학을 시작해 버리면 그때 우리가 하게 되는 것은 그리스도교 신학이 아니라 전혀 다른 종교의 신학일 것이며 그 신학과 그리스도교 신학의 관계는 종교 간 대화라 해도 무방할 것이다. 다섯째, 하느님의 '영원'은 단순히 시간이 없는 텅 빈 상태가 아니다. 시간과 영원의 차이는 영원에도 근원, 운동, 목표가 있으나 그 사이에 어떤 갈등 없이 평화만 있다는 점에 있다. 이러한 바르트의 이야기는 내 신학과 신앙 모두에 커다란 영향을 미쳤다. 하이델베르크 이야기는 여기서 마무리하는 게 좋겠다. 아, 훗날 하이델베르크에서 안식년을 보냈을 때는 한스 게오르크 가다머Hans-Georg Gadamer가 이끄는 연구 모임 Arbeitskreis에 참여했다. 나에게 해석학이라 부를 만한 요소가 조금이라도 있다면 그 기초는 가다머의 해석학이다.

소동과 그 여파

학위를 받고 우리는 학교 행정처의 요청에 따라 루터 칼리지로 돌아왔다. 종교학과는 예전보다 더 나를 못마땅하게 여겼고 이런저런 일을 벌였다. 소중한 학교에 불건전한 신학자가 들어왔으니 반드시 내쫓아야 한다는 운동을 학교 안팎에서 진행했다. 사태는 점점 더 커져 나를 해고하지 않고 내 사표를 받아들이지도 않은 학교 행정처를 무너뜨리려는 운동으로 번져나갔다. 내 해임 여부를 결정하는 이사회 자리에서 한때 나를 후원했던 사람은 내 신학을 올바른 그리스도교 대학에서는 도저히 용납할 수 없다고 이야기했다. 나는 반대로 그의 신학이야말로 문제라고 이야기했다. 이사회가 행정처의 편을 들고 나의 유임을 결정하자 종교학과와 생물학과 교수들은 집단으로 사직했다. 이 사건은 우리에게 커다란 상처를 입혔다. 덕분에 우리는 두 가지를 오래도록 마음에 품게 되었다. 첫째, 우리는 교회 지도자들을 어지간하면 신뢰하지 않게 되었다. 저 일이 일어났을 때 개입해야 할 이들이 개입하지 않았고, 조언해야 할 이들은 조언하지 않았다. 둘째, 우리는 '신학자들의 광기'rabies theologorum를 혐오하게 되었다. 사람들은 신학자들이 서로 물고 뜯는 싸움을 할 거라고는 잘 상상하지 않는다. 하지만 실제로 그런 일이 있다.

폐허 속에 홀로 남은 나는 종교학과를 다시 세우는 임무를 맡게 되었다. 동시에 철학과를 새로 꾸리고 학과장을 맡아 교수들을 뽑아야 했다. 풋내기 젊은 학자에게는 꽤나 벅찬 일이었다. 여기서 더 나아가, 자유분방했던 새 총장은 젊은 학자 몇 명에게 교양 과정 전체를 설계하라는 책임을 맡겼다. 그래서 소동 직후 몇 년간, 1960년부터 1966년까지 나는 엄밀한 의미의 신학보다는 철학과 교양 교육 이론에 더 많은 시간을 쏟았다. 나는 공식적으로 '철학자'가 되었고, 그렇게 일했다. 그 시절 내 공부는 두 갈래로 나뉘어 있었다. 한쪽에는 하이데거 같은 대륙 철학자들이 있었고, 다른 한쪽에는 러셀과 같은 영미 철학자들이 있었다(물론 그리스 철학자들은 언제나 곁에 있었다). 영국과 유럽의 사상을 함께 다루는 공부는 계속 이어졌다. 덕분에 훗날 종교 언어에 대해 쓴 책인 『바라는 것들에 관한 지식』The Knowledge of Things Hoped For에서는 영국 분석 철학자들과 불트만 학파, 가다머 같은 대륙 학자들을 고르게 다루고 있다.

그 시절, 나는 조금은 독특한 신학 책도 한 권 썼다. 『자기 자신을 거스르는 종교』A Religion against Itself는 미국 종교의 위선과 공허함을 신랄하게 꾸짖는 책이었다. 하지만 그러한 가운데 은밀히 그리스도교를 드높였다. 그리스도교는 자기 안에서 자기 자신을 비판할 수 있는 힘, 자기 자신을 돌아보고 잘못을 고발할 수 있는 원리를 처음부터 갖춘 종교라고 말이다. 『하느님 이후의 하느님』God after God은 당시 '급진 신학'이 내세운 '하느님 위의 하느님'이라는 개념을 더 철저한 종말론으로 맞받아친 책이다. 이 책에는 바르트의 영향도 엿보이고, 지적 격동기를 보내고 있던 내 고민도 반영되어 있다.

마지막으로 이 시기에 빼놓을 수 없는 작품은 잡지 「대화」Dialog다. 나와 같은 세대의 중서부 루터교인 중 상당수가 신학대학원에 진학했고, 과정을 마치고 나서는 중서부 루터교회를 민족이라는 울타리에서 벗어나게 하려고 노력했다. 1962년 서로 다른 배경을 가진 사람들이 (칼 브라텐의 주도로) 이 목적을 이루기 위한 하나의 도구로서 만든 잡지가 바로

「대화」다. 전혀 다른 의도를 가진 선동가들도 있었지만, 결과는 무척 성공적이었다. 미국 루터교는 믿기 어려울 만큼 빠른 속도로 고립에서 벗어났다. 대신 또 하나의 '주류' 개신교 교파가 되어버리긴 했지만 말이다. 이는 '의도치 않은 결과'였으며 요즘에도 나는 이런 '의도치 않은 결과'를 경계하는 성향이 있다. 「대화」의 본래 사명은 그랬으며, 그 시절만큼은 참여할 때마다 무척 즐거웠다.

옥스퍼드 시절

블랑쉬와 나는 루터 칼리지에서 평생을 보낼 거라 생각했다. 그녀의 다재다능함은 학교 여러 곳에서 쓰이고 있었고, 나는 철학 교수이자 문화 신학자로 계속 활동할 수 있을 것 같았다. 이와 관련해서는 조셉 시틀러Joseph Sitler가 영감을 주었다. 그는 내게 많은 격려를 해주었을 뿐만 아니라 그 자체로 하나의 본이었다. 문화 신학에 대한 관심은 사라지지 않았다. 1961년부터 1994년까지 발표한 글을 모아 『문화 신학에 대한 에세이』Essays in Theology of Culture를 출간했고, 2003년 런던 킹스 칼리지에서 한 모리스 강연에서는 '문화로서의 그리스도'Christ as Culture(니버의 '그리스도와 문화'Christ and Culture를 뒤집은 제목임을 주목하라)라는 제목으로 강의도 했다. 그러나 한

통의 편지가 이러한 평화를 깨뜨렸다. 편지에는 옥스퍼드 대학교에서 몇 년간 루터교를 대표하는 교수로 활동할 수 있겠냐는 제안이 담겨있었다. 여기에는 약간의 설명이 필요하다. 2차 세계대전 후, 중부 유럽에 살던 루터교 신자들이 난민이 되어 영국에 정착하게 되면서 사목자를 양성할 필요가 생겼다. 이를 위해 루터교 세계연맹Lutheran World Federation은 옥스퍼드 대학교에 자리를 마련했다. 루터교인이 추천을 받아 그 자리를 맡지만, 운영은 전통적인 옥스퍼드 대학교의 방식을 따르는, 즉 하나의 칼리지(이 경우에는 개혁파 전통을 지니고 있고 당시 신학 기풍상으로도 무게감이 있던 맨스필드 칼리지)에서 지도를 하면서 대학교 전체 차원에서는 강의를 하는 식이었다. 하지만 영국에서 루터교 단체들은 목사 후보생을 배출하기는커녕 얼마 안 되어 사라져 버렸다. 그래서 내가 채용될 때에는 루터교 교수도 다른 신학 교수들과 마찬가지로 개혁파, 성공회, 때로는 로마 가톨릭 학생들을 가르쳤다. 루터교 세계연맹은 교회 일치 운동에 기여하는 차원에서 지원을 이어가고 있었다.

그렇게 우리는 다시 유럽에 오게 되었다. 나는 사실상 처음으로 엄밀한 의미에서의 신학 강의를 했고, 정말 즐거웠다. 하지만 내 삶에서 이때가 중요한 이유는 따로 있다. 바로 우리가 성공회의 한 가운데로 들어가게 되었다는 것이다. 당시 성공회는 매력적인 조합을 지니고 있었다. 신학자들의 광기로부터 자유로우면서, 동시에 서방 교회에서 가장 신실한 전례서인 성공회 기도서를 간직하고 있었다. 의도치 않게 나는 교회 일치 운동을 몸으로 실천하는 사람이 되어버렸다. 학기 중 맨스필드 칼리지는 매주 일요일에 예배를 드렸는데, 대부분은 교수단 일원으로 앞자리에 앉아, 마치 영국 개혁교회의 장로처럼 근엄한 복장으로 예배에 참여했다. 그리고 한 달에 한 번은 대학교의 루터교 교목으로 루터교식 성찬을 집례했다. 학기 외 기간에 나와 블랑쉬는 성공회 예배에 참여했다. 이러한 상황에서는 특정 교파의 정체성을 고집하며 강한 정서적 유대를 유지하는 게 불가능했다. 처음 2년, 그리고 뒤에 다시 1년을 그렇게 보내자 우리는 교회와 관련해서는 '세계주의자'cosmopolitan가 되었고, 지금까지 그러하다(이 '세계주의자'라는 말에는 레닌Vladimir Lenin이 세계주의자를 두고 말한 비하의 의미, 뿌리 없는 방랑자라는 의미도 담겨있다). 옥스퍼드 생활을 마친 뒤 우리는 애초의 계획과 다르게 루터 칼리지로 돌아가지 않았다. 대신 게티즈버그 신학교로 갔다. 이 이야기는 잠시 뒤 다루겠다. 먼저 내가 점점 깊게 교회 일치 운동에 참여하고 그 운동이 내게 미친 영향을 이야기해 보겠다.

교회 일치 운동

1968년 영국에서 돌아왔을 때 사람들은 나를 성공회에 대해 잘 아는 사람으로 여겼고 덕분에 제1차 미국 성공회-루터교 대화에 참여하게 되었다. 모임에서는 교리를 표현하는 방식의 차이(루터교는 문서로 표현하고, 성공회는 기도서로 표현한다)를 인정하기만 하면 루터교와 성공회 사이에 남는 차이는 '역사적 주교제'historic episcopacy 뿐이라는 결론을 매우 빠르게 내렸다. 그래서 레지널드 풀러Reginald Fuller와 나는 감독episcopé, oversight하는 역할은 교회에 반드시 필요하나 역사에서 어떠한 구조로 구현하는지는 달라질 수 있다고 이야기했다. 이어서 우리는 16세기에 성공회가 역사적 주교제를 유지할 만한 충분한 이유가 있었고 루터교는 이를 버릴 만한 충분한 이유가 있었다고, 상대가 과거에 내린 결정을 인정하되 이제는 무엇을 해야 할지 논의해야 한다고 이야기했다. 이러한 구분은 이제 표준이 되었지만, 우리가 1971년 공식 대화에서 처음 제안한 것으로 보인다.

(무엇이 성과인지 확신할 수는 없지만) 소기의 성과를 거둘 때까지 나는 성공회와 루터교의 대화에 참여했다. 하지만 이로써 나는 옛 동료들과 점점 더 멀어졌다. 루터 신학교는 주교제를 반대하는 요새가 되어갔다. 그러나 나는 처음부터 교회

의 중심에 성사가 있으며, 초기 교회부터 있던 질서를 따라 치리하는 것이 하느님의 선물이라고 생각했다. 그리고 이러한 면에서 미국 루터교회에는 주교제가 필요했다. 주교제가 없으면 교회는 결국 각종 위원회와 행정 관료들의 손에 맡겨진다. 주교제는 이러한 관료주의의 지배에서 자유롭게 하는 길이 될 수 있다. 구약과 신약이라는 정경, 신경, 단일한 주교제는 초기 교회에서 한 데 묶여 등장했다. 왜 정경과 신경은 하느님의 뜻이라고 하면서 주교제는 아니라고 하는가?

조지 린드벡George Lindbeck은 교회 일치 운동에 몸담고 있던 나를 주목했으며, 로마 가톨릭과 루터교 간의 대화에 끌어들였다. 결국 제3차 국제 로마 가톨릭-루터교 대화의 상임 자문위원으로 임명되었고 10년 동안 칭의와 교회론의 관계에 대해 연구했다. 나는 교회 일치를 위한 대화란 서로 힘을 합쳐 새로운 사유를 모색하는 것이라고, 그렇게 해야만 해결하기 어려운 분열을 극복할 수 있다고 보았다. 로마 가톨릭 측도 그렇게 생각했지만, 정작 루터교 측이 그렇게 생각하지 않았다. 공동 의장이었던 제임스 크럼리James Crumley 감독은 예외였지만 말이다(나는 그를 깊이 존경하게 되었다). 비공개로 진행된 루터교 회의에서는 상대에게 '과도하게 우호적'이라는 이유로 문안 작성 위원회에서 나를 제외해야 한다고 주장했다. 그리고 작업의 흔적은 모두 지워졌다. 미국 루터교 신자들을 불편하지 않게 해야 한다는 이유에서였다.

그럼에도 불구하고 그 시절은 흥미진진한 시기였다. 나는 점점 더 교회 일치 운동에 헌신하게 되었고 루터교의 교파주의, 지역주의를 더 거부하게 되었다. 교회에 대한 내 감각은 점점 더 공교회에 가까워졌다. 특히 이 시기 나는 성사와 직제에 대해 새로운 생각을 이어 나갔다.

1988년 블랑쉬와 나는 스트라스부르크에 있는 교회 일치 연구소Centre d'Etude Oecumenique에 1년 가까이 머물며 교회 일치 대화의 성과와 교착 상태에 관한 책을 준비했다. 당시 나는 대화가 잘 이루어지지 않는 이유가 로마 가톨릭 전통과 종교개혁 전통의 근본적인 차이 때문이라고 생각했다. 그러나 『세례받지 않은 하느님 - 교회 일치 신학에 있는 근본적인 결함』Unbaptized God: the Basic Flaw in Ecumenical Theology에서 우리는 삼위일체 하느님에 대한 양측 모두의 부적절한 인식 때문에 대화가 이루어지지 않는다고 이야기했다.

1990년 칼 브라텐이 신학교 강의를 그만두었다(신학을 하기에 점점 더 상황이 어려워졌다). 이윽고 브라텐 부부(칼과 라본느)는 블랑쉬와 나에게 사목자를 위한 신학 교육을 함께 하자고 제안했다. 오랜 논의를 거치면서 이 기획은 점점 더 교회 일치 운동의 성격을 지니게 되었고, 결국 '가톨릭과 개신교 신학 연구소'Center for Catholic and Evangelical Theology로 발전했다. 이런 일이 늘 그렇듯, 연구소를 세운 건 우리의 선택이었지만 그 연구소가 우리의 삶과 신학을 끌고 갔다. 매주 몇 시간씩 회의를 열고 연구를 기획하면서, 발표자와 주제가 반드시 교회 일치를 지향하도록 신경을 쓰다 보면 교회를 바라보는 시각 자체가 달라지기 마련이다. 그 즈음 칼과 나는 번갈아 편집하던 잡지 「대화」가 본래의 목적을 다했다고 생각하게 되었다. 그래서 이사회에 제안했다. 우리에게 전권을 준다면, 잡지를 교회 일치를 지향하는 학술지로 새롭게 만들어보겠다고 말이다. 이사회는 이를 거절했고, 그래서 몇몇 친구들의 도움을 받아 새로운 학술지 「프로 에클레시아」Pro Ecclesia를 창간했다. 「프로 에클레시아」는 이내 다양한 교파의 신학자들이 교회 중심의 신학을 논하는 주요 무대가 되었다. 편집자였던 우리도 점점 더 학술지가 내세운 목표를 체화하기 시작했다. 그러는 동안 리처드 존 뉴하우스Richard John Neuhaus가 나를 다양한 사람들로 이루어진 교의학, 사회 윤리 모임에 초대했다. 그곳에서 다양한 그리스도교인, 유대인과 대화를 나눌 수 있었다. 훗날 프린스턴 신학 연구소에서 나누었던 대화에 비견될 만한 수준이었다. 주요 로마 가톨릭 신학자들, 다른 그리스도교인들과의 토론도 좋았지만 가장 커다란 수확은 데이비드 노박David Novak과 같은 유대인들과 나눈 대화였다. 이를 통해 나는 유대교인들이 단순히 의견을 주고받는 대상이 아니라 공동의 신학 활동을 함께하는 상대라는 깨달음을 얻었다. 이러한 생각은 조지 린드벡의 인연으로 그의 제자이자 유대인 신학자인 피터 옥스Peter Ochs를 만나면서 더 굳어졌다. 그는 놀라울 정도로 그리스도교 신학에 정통했고 심지어 내가 삼위일체에 관해 쓴 글들도 잘 이해했다. 결국 나는 유대교에 관한 그리스도교 신학을 강의하고 글로 쓰기 시작했다. 불과 몇 년 전까지는 나도, 교회도 상상할 수 없던 일이었다. 이제 나는 확신한다. 유대인과 그리스도인의 신학적 대화는 종교 간 대화가 아니다.

1998년 노스필드에 있는 성 올라프 칼리지에서 은퇴하면서 나는 교수직을 내려놓았다. 마지막 학기를 마치기 전, 프린스턴 신학 연구소에서 열린 회의에 참석하고 있었는데 당시 연구소장이었던 월러스 앨스턴Wallas Alston(칼 브라텐처럼 매우 가까운 친구가 될 인물이었다)이 찾아와서 조력자가 필요하다고 말했다. 자기 소개를 주고받은 뒤 (그는 분명한 개혁파 신학자이자 진보주의자였으며, 스카치 위스키를 즐겨 마시는 사람이었고, 나는 가톨릭 성향을 지닌 루터교-성공회 신자로 신보수주의자들과 어울리며 가끔 마티니를 마시는 사람이었다) 우리는 함께 하기로 결정했으며, 은퇴를 뒤로 미루고 프린스턴으로 향했다.

그곳에서 7년 동안 나는 '선임 연구원'으로 일했다. 내 임무는 전임 연구원들의 연구 활동에 대해 의견을 나누는 것이었다. 그들은 종종 나와 매우 다른 방향성을 갖고 있었다. 그리고 나는 다양한 관점과 학문 분야를 아우르는 연구 모임과 행사를 기획하는 역할도 맡았다. 당시 나는 거대한 거미줄 한가운데 있는 거미 같았다. 거미줄은 전 세계 신학자와 교회 일치 운동에 뻗어 있었다. 연구소 건너편에는 프린스턴 신학교가 있었고 덕분에 장로교 신자들을 점점 더 존중하게 되었다.

이제 내게 교파주의식 사고는 거의 남아 있지 않다. 이 글을 쓰기 직전 학기에도 나는 한 지역 대학교에서 '제2차 바티칸 공의회 이후의 가톨릭 신학'을 강의했다. 그래서인지 사람들은 종종 묻는다. "그렇게 로마 가톨릭 교회에 끌리면, 이제 거기에 충실하게 응답해 지금까지 이어지고 있는 세계주의 상태를 끝내야 하지 않나요? 아니라면 왜 그런가요?" 좋은 질문이다. 그런데 그건 다른 글에서 다루어야 할 주제다.

덧붙이는 이야기 - 게티즈버그 신학교와 성 올라프 칼리지

앞에서 이야기했듯 나는 1968년 옥스퍼드 대학교에서 돌아와 루터 칼리지로 가려던 계획을 실행하지 않았다. 대신 칼 브라텐의 강력한 권유로 게티즈버그 신학교의 부름에 응했다. 그는 신학 '전쟁'에 나를 참가시키려 했다. 20년 뒤, 나는 신학교 강단을 떠나 세인트 올라프 칼리지의 학부 교수가 되어 10년을 보냈다. 결국 내 교직 생활의 3분의 2를 두 곳에서 보낸 셈이다. 문제는 그 오랜 세월을 두고 이야기할 만한 부분은 이미 다 이야기했다는 것이다. 여기서는 언급하지 않은 부분만 이야기하겠다. 독자들이 연대를 맞추는 데 혼란을 겪을지도 모르지만, 그렇게 큰 문제는 아니라고 본다.

학생들을 사목자로 훈련시킬 때 신학적 성찰은 특별한 성격을 띤다. 그중 하나는 학생들이 섬길 교회를 늘 염두에 두어야 한다는 것이다. 그래서 나는 다시 종교개혁과 루터의 통찰에 주목하게 되었으며, 그러한 차원에서 「대화」에 미국 복음주의 루터교회ELCA가 직면할 중대한 신학 문제에 관한 글을 썼다. 루터교 내부에서 한동안 격렬했던 유아 성찬 논쟁에서 나는 유아 성찬을 지지하는 쪽에 섰으며 에릭 그리치Eric Gritsch와 함께 『루터주의』Lutheranism라는 책을 쓰기도 했다.

당시 게티즈버그 신학교는 전례 갱신 운동의 중심지였고 나 역시 그 흐름에 공감했다. 학교는 이론뿐 아니라 그 이론을 실천에 옮길 기회도 주었다. 몇 년 동안 학교 교목으로 섬기며 나는 그런 일들을 해 보았다. 대다수 학생과 일부 교수의 지지를 받아 오래된 예식에 변화를 주기도 하고, 과감한 실험을 하기도 했다. 하이델베르크 시절부터 친구였던 유진 브랜드Eugene Brand는 루터교 예배서에 수록될 성찬 기도문의 초안을 작성하는 위원회의 위원으로 나를 임명했다(예배에 참여했는데 성찬 집례자가 내가 쓴 기도문을 소리 내어 읽고, 이를 듣는 경험은 여전히 충격적이다). 성사와 사목에 대해(혹은 하느님에 대해) 글을 쓸 때 그 시절 경험은 늘 중요한 배경으로 깔려 있다.

신학교의 교수가 되어 공식 신학자가 된 뒤 나는 미국 신학회American Theological Society에 들어갔다. 그리고 폴 레만Paul Lehmann과 폴 램지Paul Ramsey의 공동 추천으로 '12인회'Duodecim Society에 가입했다. 이 학회는 본래 라인홀드 니버Reinhold Niebuhr의 제자들이 설립한 것이었다. 당시 두 학회 모두 동부에 있었고 구성원 대다수가 진보적인 신학자들이었는데, 대체로 깊은 인상을 주었다.

하루는 칼이 어떤 제안서를 들고 왔다. 제안서에는 우리 시대 루터교 신학자들이 함께 집필하는 교의학 저서를 편집하고 출간하자는 제안이 담겨 있었다. 『그리스도교 교의학』 Christian Dogmatics은 바로 그 결과물이다. 집필자들이 각자 할 주제를 나누었는데 나는 '삼위일체'를 맡았다. 이 선택은 두 가지 측면에서 내게 큰 영향을 주었다. 우선 그 글을 쓰기 위해 1년 동안 삼위일체와 그리스도론에 관한 교부들과 중세 신학자들의 글을 집중해 읽었다. 『삼위일체 정체성』The Triune Identity과 『그리스도교 교의학』에 수록된 글이 첫 결실이었다. 그때 나는 교부 신학에 깊이 빠져들었다. 니사의 그레고리우스Gregory of Nyssa, 알렉산드리아의 키릴루스Cyril of Alexandria, 고백자 막시무스Maximus는 늘 내 마음에 있다. 그리고 이때부터 삼위일체 교리는 내 사유 전체를 이끄는 열쇠가 되었다.

끝으로, 게티즈버그에서 내가 지내던 곳은 당시 일어나고 있던 시위에 참여하기 좋은 위치에 있었다. 루터 칼리지에 있는 동안 나는 1963년 워싱턴 민권 행진에 참여했고 지역 민권 운동에도 꾸준히 참여했다. 블랑쉬와 함께 베트남 참전에 반대하는 행진에도 참여했다. 세금 내기를 거부했고, 참전을 찬성하는 장소에 반대하는 연설을 했다. 그래서인지 어떤 부모들은 자기 아이들이 우리 딸과 어울리지 못하게 하기도 했다. 하지만 다른 이들과 마찬가지로 우리는 당시 운동권에 크게 실망했다. 우리는 차별과 부당한 전쟁에 반대한다면, 당연히 낙태를 통한 태아 살해에도 반대해야 한다고 생각했다. 하지만 우리와 함께 하던 운동권 사람들과 우리 '진영'은 전혀 다른 길로 가버렸다. 그런 경험이 내 신학에 어떤 영향을 미쳤는지는 모르겠지만, 영향을 미쳤다는 것만큼은 분명하다.

세인트 올라프 칼리지에서는 훌륭한 학생들(그 중 몇 명은 전도유망한 신학자가 되었다)과 좋은 대화 상대들을 만났다. 그리고 다시금 교육 과정 수립에도 관여했다. 지금 이야기의 흐름을 고려할 때 가장 중요한 점은 세인트 올라프 칼리지가 내 글쓰기를 크게 도왔다는 사실이다. 이곳에서는 강의 부담이 없었고 여행 예산도 손쉽게 확보할 수 있었다. 노스필드에서 브라텐 부부와 함께 우리 부부는 가톨릭과 개신교 신학 연구소 및 「프로 에클레시아」를 구상하고 발전시켰다. 『조직신학』Systematic Theology을 집필한 곳도 노스필드였다.

삶과 신학을 잇는 하나의 연결고리를 꼭 다뤄야겠다. 지금까지 이야기한 여러 사건과 함께 하느님께서 우리에게 주신 가족은 그 자체로 신학적 사건이었다. 딸의 탄생과 성장, 유대인 사위와 손녀의 세례, 그리고 손녀의 성장, 서로 함께 삶을 나누려는 모습이 설명할 수는 없지만 심오한 방식으로 내 생각을 형성하고 심화시켰다.

  글을 마치며 『조직신학』의 서문에 썼던 말을 요약해 전하고 싶다. 참된 신학은 반드시 언젠가 성령께서 허락하실 분열되지 않은 교회를 위해 쓰여야 한다. 나는 계속 그 길을 걸어갈 것이다.

로버트 젠슨 저서 목록

- **Alpha and Omega: A Study in the Theology of Karl Barth** (New York: Thomas Nelson, 1963)
- **A Religion against Itself** (Richmond, VA: John Knox, 1967)
- **God after God: The God of the Past and the God of the Future,** (Indianapolis: Bobbs-Merrill, 1969)
- **The Knowledge of Things Hoped For: The Sense of Theological Discourse** (New York: Oxford University Press, 1973)
- **Visible Words: The Interpretation and Practice of Christian Sacraments** (Philadelphia: Fortress, 1978)
- **Story and Promise: A Brief Theology of the Gospel about Jesus** (Philadelphia: Fortress Press, 1982)
- **The Triune Identity: God according to the Gospel** (Philadelphia: Fortress, 1984)
- **America's Theologian: A Recommendation of Jonathan Edwards** (New York: Oxford University Press, 1988)
- **A Large Catechism** (Dehli, NY: ALPB, 1991)
- **Unbaptized God: The Basic Flaw in Ecumenical Theology** (Minneapolis: Fortress Press, 1992)
- **Essays in Theology of Culture** (Grand Rapids: Eerdmans, 1995)

- **Systematic Theology: Volume 1: The Triune God** (New York: Oxford University Press, 1997)
- **Systematic Theology: Volume 2: The Works of God** (New York: Oxford University Press, 1999)
- **On Thinking the Human: Resolutions of Difficult Notions** (Grand Rapids: Eerdmans, 2003)
- **Song of Songs** (Louisville: Westminster John Knox, 2005) 『아가』(한국장로교출판사).
- **Conversations with Poppi about God: An Eight-Year-Old and Her Theologian Grandfather Trade Questions, with Solveig Lucia Gold** (Grand Rapids: Brazos, 2006) 『꼬마 신학자 솔비와 나눈 하나님 이야기』(IVP).
- **Ezekiel** (Grand Rapids: Brazos, 2009)
- **Canon and Creed** (Louisville: Westminster John Knox, 2010)
- **Lutheran Slogans: Use and Abuse** (Dehli, NY: ALPB, 2011) 『종교개혁의 표어들』(비아).
- **On the Inspiration of Scripture** (Dehli, NY: ALPB, 2012)
- **Theology as Revisionary Metaphysics: Essays on God and Creation** (edited by Stephen John Wright) (Eugene, OR: Cascade Books, 2014)
- **A Theology in Outline: Can These Bones Live?** (New York: Oxford University Press, 2016)

종교개혁의 표어들
- 올바른 사용과 오용에 관하여

초판 1쇄 | 2025년 9월 30일

지은이 | 로버트 젠슨
옮긴이 | 권현일

발행처 | ㈜룩스문디
발행인 | 이민애
편　집 | 민경찬
검　토 | 김준철 · 신현정 · 양지우 · 어운송
제　작 | 김진식 · 김진현
디자인 | 김준철 · 민경찬

출판등록 | 2024년 9월 3일 제301-2024-000093호
주　소 | 서울특별시 중구 세종대로19길 16 1층 001호
주문전화 | 010-3320-2468
이메일 | luxmundi0901@gmail.com(주문 관련)
　　　　 viapublisher@gmail.com(편집 관련)

ISBN | 979-11-994376-5-4 (03230)
한국어판 저작권 ⓒ 2025 ㈜룩스문디

* 값은 뒤표지에 있습니다. 잘못된 책은 구입하신 곳에서 바꾸어 드립니다.